你會坦然面對，
每一場告別

角子・著

告別，也是走向幸福的路程

真正的「告別」，都是在告別之後，才開始的。

所以，你才會還在這裡；所以，才會他都已經離開，可是你對那份愛的追憶才正要起步而已。

告別，經常都是一個人的。

他沒有陪你，那是每個正在告別的人，一個人在路上的形單影隻。

你雖然傷心，但是你沒有後悔，那是你想為那份感情，最後的說到做到。你願意承受，也願意努力，你比較害怕的是，每一次又一個人在那條路上的無以為繼……

告別最寂寞的，是我們只能用一個人的心力，去承接兩個人的回憶；告別最困難的，是我們明明還刻骨銘心著，卻要逼迫自己必須忘記；告別最讓人心慌的，是我們都已經那麼盡力了，卻還是會在某個脆弱的瞬間，懷疑自己究竟是前進了，還是一直留在原點？!

告別一個深愛過的人、告別一場用情至深的感情，從情人到至親，每一場告別，都必定椎心刺骨。告別的方式有很多，它們有的需要放下，有的需要更勇敢地拿起；有的會漸漸消失，也有的，會永遠留在時光的定格裡。

這本書，想描述的就是這一條與「摯愛」告別的「告別之路」。

這不是一場從容不迫的告別，而是我自己這兩年艱難地親自走過；這更非一場冰冷的理論撰述，而是我在自己的臉書、IG、YouTube……總計將近五十萬個讀者的社群平台裡，親眼目睹過的許多真實告別的故事。

才發現，原來每場告別都一樣，都是以眼淚開始；才發現，原來我們也可以讓後來的結果，很不一樣，那就是最終，我們也可以選擇以微笑送別。

眼淚與笑容，都是「告別」；眼淚與笑容，都一樣是因為「愛」。

每場告別，都是真心「愛」過的證明。愛過，就是生命裡最美好的事。

「愛」就是這本書的開始，也是這本書的結束。這不是我一個人的故事，這是許多告別者的集體創作。謝謝所有願意將故事分享到這裡的朋友，是因為那些走過，才一起踏出了這條告別之路的路徑；是因為那些到達，才讓我們真的看見，原來所有的告別，都不是結束，而是走向幸福的開始。

　　希望這本書，可以成為所有正走在「告別之路」上的人的「相信」，相信自己一定會好起來，相信前方一定有光，相信只要走過這段路的自己，一定會很不一樣。

　　翻開這本書，一起開始這趟告別的旅程，在告別的四個階段的章節裡，分享四十個我們在路上彼此的提醒與體會。如果你在哪個段落，流下了眼淚，那一定是因為我也在那裡掉下過眼淚；如果你在哪個字句，感受到溫暖，那就是我衷心想獻給你的祝福。

　　「告別，也是走向幸福的路程。」在出發之際，這是我想立在這趟旅程初始的第一個標記。

　　這就是我想獻給你的第一個祝福。

角子 11.07. 2022

目錄

第一章

第二章

第三章

第四章

第一章

告別之後，才明白……

大多數的真相，
都是在告別之後，
才逐漸看清楚的。

努力過了，就好好走開

兩個人的分開，並不是失敗，
而是大多數人在嘗試後，會有的結果。

每一場分開，都不是意外。
它們在過程中都早有跡象。
你不是在分開後才開始傷心，
你是在分開前就已經覺得孤寂。

不必把喜歡變成憎恨，才能夠逼自己走開，
不用把結束劃成傷疤，才足以紀念一場相愛。
每場相遇，都有它發生的原因；
每場分離，最後也都一定會寫下意義。

那個人不是他。
努力過了，就好好走開。

你渴望安心，渴望被懂。
期待互相，期待支持與體諒。
你現在知道了，
那才是你真正想要的感受。
那才是你接下來要的幸福。

他只是喜歡「你對他的好」，
而不是喜歡你的「好」

　　你一定是一個很重感情的人，所以才會把這場相遇，當作一場很特別的緣分。你可以說出你們的故事的細節很多，就像戴上了放大鏡，看每一件事情都是獨有而特別的。

　　那個故事裡最特別的是你的細心和體貼，那是你的天分，當你決定要對一個人好，那他就會成為超級幸福的人。

　　全心付出的你，也有你所感受到的幸福，只是你很難跟旁人分享那些喜悅，因為在朋友們的眼中看來，你的付出跟回收並不成比例，「沒關係，只要我自己懂就好了！」那是你後來經常對自己說的話。你在說那句話的時候，心底經常是配著畫面的：也許是他開心地接受了你的東西的樣子、也許是他笑著看你的眼神……是的，他總是那麼自然地接受你對他的好，就像一種認定和承諾，你們就要從這裡開始走去未來。

那不是單一案例，你剛開始有那種感覺的時候，總是馬上告訴自己不要多想；你更不是武斷，你在後來一次又一次的跡象裡發現，他幾乎不曾主動為那份感情努力過什麼。在你對他好的時候，他沒有離開；可是當你正為那份愛努力前進的時刻，他也沒有追上來。你等過他，在那些等不到的失落裡，終於忍不住對自己承認了：他不是粗心，他是根本就沒將你真的放進心底，所以他才會低估你的寂寞，低估一個願意對他這麼好的人，原來也會疲憊，你後來最疲憊的發現是，原來你一直只是他暫時的現在，從來不曾出現在他計畫的將來。

　　也許是因為愛的放大鏡，本來就會放大我們的喜歡；也可能是因為我們對愛的誠懇，讓我們不相信愛會那麼現實。我們願意對喜歡的人好，也可以接受被拒絕；我們最無法接受的是愛的現實，原來這個世界上真的會有人，喜歡的並不是你，而只是你對他的好。

　　是的，他喜歡的並不是你的「好」，所以他才不會珍惜，不會想把此刻的快樂，努力延續成長久的幸福；他喜歡的只是「你對他的好」，只想單純地享受，不願意承擔壓力、不願意對等經營和付出，所以也只要遇見了新的喜歡，就可以輕易把你丟下和忘記。

　　那就是你後來所感嘆的愛的「複雜」，為什麼一個人明明沒

有那麼喜歡你，卻還是可以坦然收下你對他的心意？!

　　也許，那才是我們後來更應該學會的愛的「簡單」，對方的自私，在你深刻的情意裡，是很容易現形的，不要再幫他找藉口了！在愛裡，複雜的絕對不是對方昭然若揭的自私，而是那些我們不斷欺騙自己的理由。

　　如果你在一份感情裡努力付出，卻經常感覺孤單而沒有方向；如果他對你總是讚美，最後卻依然毫不猶豫地把你丟下，別在他給的不合邏輯的理由裡迷航，更別再用那些想像出來的複雜繼續為難自己，真正的原因，就是如此簡單：

　　他只是喜歡「你對他的好」，而不是喜歡你的「好」。

Vol.2

喜歡，只是開始；
有心，才有未來

在一起，
不只是「人」在一起，
更重要的是「心」也要在一起。
快樂，只能證明曾經。
用你的心，驗證幸福。

真的把你放進心底的人，
會讓你越來越安心而勇敢。
真的用心跟你在一起的人，
就算相隔萬里，也不會感覺寂寞。

你要找的不只是嘴巴說在一起，
而是心也要真的跟你在一起的人。

喜歡，只是開始。

有心，才有未來。

喜歡，只會讓人暫時走在一起。

只有心也在一起，才有可能走去真的幸福。

重點是，不愛了；
而不是那些不愛的理由

　　他給了你那個分手的理由。留下理由的人，總是轉身就走了，不知道那個只能收下的人，後來還得花多少時間，才能從那個理由走出來。

　　也可能，那個理由是你自己想出來的。他沒有給你理由，於是你讓自己不是只有傷心而已，你還責怪自己，一定是因為自己說錯了哪句話，或做錯了哪件事情，他才會離開。

　　不論是他給你的，還是我們自己想出來的，都一定不是一個好理由。因為就算我們都已經得到答案了，那些理由還是無法說服我們，「我可以調整，只要調整好了，我們還是可以回到從前的。」「我可以解釋，只要把誤會解開了，這份感情還是有轉圜的餘地。」這經常是我們在反覆思考過那些理由後，又衍生出繼續留下來的新理由。

那些永遠不會消停的理由，被衍生的依據，是你們從前的愛。尤其是每當你又想到那些快樂的部分，就會讓你長出更大的勇氣，是的，你傾盡全力在那些理由裡，太專心，忘記那個人早就已經離開那份愛；忘記了，他是因為已經不愛了，才說出那些理由。

　　也許，那就是「分手」的特性，它經常只是一種通知，不管對方同不同意；它更是一種決定，並不開放討論。那也正說明了愛「不可逆」的特質，當「不愛了」發生的時候，我們也許會真的得到一些理由，但就算我們後來真正改進了那些理由，愛也不會再回來。

　　可能是因為移情別戀、可能是相處過後逐漸發現的不適合，也可能是兩個人後來想走的路不一樣了，而終於導致的漸行漸遠……不愛了的原因有許多，但結果都是一樣的，不愛了就是不愛了，無法說服、無法強求，不管你有多捨不得，或者有多大的委屈，不愛了就是不愛了！

　　一個真的愛你的人，就會自己找留下來的理由；一顆想留下來的心，根本不需要你的說服。他不想等你、不在乎你想給他的解釋，那是他的殘忍，於是你也該面對那份愛的現實：你不是現在才寂寞，你是還在那份感情裡就已經開始寂寞；你不是在他離開後才傷心，你是還在那份愛裡就已經掉了太多的眼淚。

重點是「不愛了」，而不是那些「不愛的理由」。就算你得到了一個千真萬確的理由，你也不可能會因為他而幸福。

　　你真正應該給自己的理由是，為什麼他都已經展開了新的人生，而你卻還被那些理由，困在這裡？!

　　你真正應該要積極尋找的，並不是那些不再重要的理由，而是前方正在等著你去發生的，最重要的幸福。

Vol.4

原來，你們愛的是同一個人；
你愛他，可是他只愛自己

他不能什麼都要。
不能又害怕寂寞；同時又討厭束縛。
要你懂他的理由；又不願思考你的感受。
要你只屬於他；又不肯將你好好珍惜。

一個習慣什麼都要的人，能給你的總是很少。
一個什麼都有理由的人，永遠不會調整自己。

不是你想不通，而是他永遠都說不清楚。
他說過的理由很多，
而他真正沒說出口的理由，就是「自私」而已。

原來，你們愛的是同一個人。
你愛他，可是他只愛自己。

迷途

　　我看了一下時間，快晚上十點了，每週四的這個時候，是我跟讀者們的直播聚會時間，我按下直播鍵，陸續有讀者進來了，我開始先跟大家報告：「謝謝大家的贊助，我們六月份的臉書直播收入一共是兩萬元，已經全部捐贈給以下三個單位……」我邊說邊看見有許多人開始賞星星，突然出現一張兩千顆星星的「大單」，我快速地看了一下她的名字，正要出口感謝，突然想起來我們應該幾天前就通過信了……

　　「親愛的角子，我是你香港的讀者。此刻我正一個人踏上歐洲的旅行，那是他曾經答應要帶我去的地方，現在他離開我了，我想用這趟旅行，把迷失的自己找回來。謝謝你的直播陪著我走過了這段時光，我會加油，在旅途中也還是會收看你的直播的。」我在幾天前收到這封署名子倩的讀者的來信。

　　「謝謝大家，哇！謝謝子倩！」我對著螢幕喊出來，「好，

我們今天要聊的題目是：『每一個深愛的開始，都一定很不一樣。』」我繼續說。

　　就像子倩在信裡跟我說的那場愛情那樣。

　　「我是在朋友約的排球聚會裡遇見他的，角子，你相信一見鍾情嗎？我第一眼就覺得他很特別，甚至有一種似曾相識的感覺。後來我的朋友跟我說，他十幾年前是一個很有名的模特兒，也演過幾檔戲，原來我小時候就看過他演的電影，難怪那麼面熟。後來，我們又陸續在排球練習裡遇見，也會開始聊天。有一天他跟我說：『我喜歡妳；我知道，妳對我也是有好感的。』那一刻，我真的有種突然喘不過氣來的感覺，就像一場愛情電影的開始，他從銀幕裡面走出來……」

　　「每場深愛的開始，都一定有我們覺得很不一樣的地方，我們會覺得那就是『緣分』，然後因為那個認定，而讓我們投入得更深，我們不想錯過，因為那也許就是我們終於遇見的真愛。」我對著鏡頭喝了口水，然後繼續說：「我也遇見過那樣自以為的『緣分』，也曾經害怕錯過而投入甚深，但我後來發現幸福的關鍵並不是『緣分』，幸福真正重要的是『心』。相遇的緣分不會讓你幸福，是後來那顆懂得珍惜你的心，才會真的讓你幸福。」

　　「他的個性很開朗，帶給我很多快樂，因為他是公眾人

物，為了躲避狗仔，出門都要喬裝。交往的前兩年，我相信他是愛我的，雖然大了我十幾歲，但是孩子氣的他經常會做一些無厘頭，卻讓我很感動的事情。譬如會開很遠的車，停在我工作地點的窗戶外面，只為了看我一眼，跟我揮手打招呼。第二天必須早起工作的他，會為我犧牲睡眠，帶我去山頂看夜景或者去海邊看星星……他帶我走進了一個截然不同的世界，在那個世界裡，充滿著好多我的驚喜，他曾經在滿天的星星下牽著我的手說：『我們以後去拉斯維加斯結婚吧！我這輩子什麼都做過了，只有還沒結過婚』。」子倩在信裡繼續跟我說。

「一份愛會停滯不前的原因，經常不是因為你不夠努力，而是因為他從來沒有想要跟你去哪裡。」我在直播裡，回答了一個讀者線上問的問題。

「第三年了，我想我們如果將來要結婚，想走更長遠的路，那就應該要有規劃，譬如一起存錢買房。從前習慣賺快錢，也很快把錢花掉的他，這些年已經沒有太多收入了，可是他花錢的習慣還是沒有改。我發現他是一個完全不做計畫的人，於是我提出的那些規劃，他雖然說好，卻開始成為他無形的壓力。我們交往這幾年，因為我的收入比較穩定，所以我負擔的支出也比較多，我沒有想計較，我覺得兩個人在一起就是互相。他是公眾人物，出去買東西不方便；他也不太懂電腦，不會網購，於是許多他需要的東西，都是託我去幫他買，他從

來沒有給過我錢。他對未來的不積極，讓一直很努力工作存錢的我，覺得很氣餒，我曾經鼓起勇氣問過他對這份愛的感覺，也坦承自己感覺很寂寞，覺得現在只是一個人在努力而已。他總是說他是愛我的，但，為什麼我越來越感受不到呢？」

「我昨天在臉書上寫了一段文字，也許可以解釋為什麼你們那麼『喜歡』彼此，可是最後卻還是無法『幸福』？」我對著鏡頭回想了一下，然後說：「因為『喜歡』是只想要快樂；可是『幸福』是除了快樂，還願意為那份『喜歡』承擔責任。所以，那些曾經說過喜歡你的人，只要覺得有壓力就會離開；只有那個不只想跟你一起快樂，還願意跟你一起努力的人，才能跟你一起把『喜歡』走成『幸福』。」當我在直播裡這麼說的時候，相信正在線上的子倩，一定會很有感觸。

那是她在那封信的後來告訴我的，第三年，他們開始經常起爭執，直到有一天他跟子倩提分手，子倩嚇壞了！她懇求他回來，終於，他回來了，但從此子倩成為了一個再也無法要求的人。她曾經以為這是一份值得努力的感情，從努力想一起走去幸福，退到努力想感動他，最後再退到只能努力說服自己，而說服自己的盡頭，就是迷失自己。

有時候她會一個人哭，有時候她也會鼓起勇氣問他「你還愛我嗎？」「不愛了。」他的回答越來越直白，甚至坦白到「妳要

我走，我隨時可以走。」不管他的回答是什麼，其實最後的結果都一樣，子倩總是會找到新的理由繼續說服自己，她是這份關係裡，唯一被欺騙的人。他從來沒有騙過她；騙她的人，一直都是她自己。

「那些他對我說過的將來，與其說是兩個人要一起努力的目標，倒不如說是他給我的，一個人的任務。經常他只要隨興地說一句話，就會成為我接下來努力的目標。譬如他說只要我換大一點的房子，那我們就可以住在一起了！於是，我真的把原本的小房子賣了，想貸款換一個大一點的房子，才發現他根本就不曾想要跟我住在一起。他還是習慣對我信口開河，還是習慣託我去幫他買東西，從沒有給過我錢，也從未曾兌現過那些愛的承諾……終於，換成是我開口跟他提出分手，角子，我以為那是一個勇敢的決定，我以為自己終於可以做到抬頭挺胸地離開，結果他馬上回我說『好』，最後那句『我本來就是因為妳求我，才留下來的』還是讓我瞬間就敗得潰不成軍……」她在信裡傷心地說。

「正在走出來的傷心，跟繼續留下來的傷心，是不一樣的。」我對著鏡頭，想鼓勵一位正在線上分享心情的讀者，「而所謂的『放下』，並不是壓抑自己的傷心，你還是可以流淚，只是你從前流淚是為了他，可是你現在已經有一些眼淚，是因為心疼自己。」我繼續說。

「一踏上倫敦的土地，看見大家都已經脫下口罩重新過生活，我告訴自己，接下來我的人生也要重新開始了。過去這五年，我從不曾真正屬於過自己，總是隨時處在standby的狀態，出門就想著早點回家接他的電話。即使遠行，也總是把事情處理完，就馬上趕回去香港，希望能跟他見面。無論我在哪裡，總是經常注視著電話，生怕會錯過他找我的訊息或電話……」

五年後，這是她終於要還給自己的一趟旅行，她從計畫到真的出發，從那一次次對了又錯了，最後終於又對了的到達裡：她在肯頓市集找到了最喜歡的那幾張黑膠唱片、去大英博物館看木乃伊、在巴黎鐵塔下野餐，甚至在迪士尼樂園挑戰了她從前不敢坐的雲霄飛車……她真的到了那些想看的風景，卻有了截然不同的心情，不用再等待與牽掛，而是讓自己徹底屬於自己；不必再糾結與說服，而是讓自己就那麼純粹地屬於此刻，最重要的是每一個此刻，都再也不必等著別人兌現，而是自己就可以創造與負責。

「親愛的角子，當我在給你寫這封信的此刻，我正坐在英國開往法國的『歐洲之星』的火車上，從前總是在人生路上迷路的我，終於搭上有方向的火車了……」她說自己邊寫邊淚如雨下，卻滿心歡喜。

「希望有一天，我也可以成為一個跟你一樣溫暖的人，他

日當我有足夠的心力，也可以陪伴別人走過迷失，走過這段，我正在走過的傷。」子倩在信的最後，如此期許自己。

每場傷心，都是一場迷途。所以我們才會每週四晚上都聚在這裡，集熒熒燭火，成為每一個暫時的迷途者，前進的指極之光。因為我們都曾經迷失，更重要的是我們最終也都又找回自己。每個人，都有一個關於自己的旅程的故事，我們的路程各有不同，但最後的收穫都一樣豐碩，你絕對不會只找回那個從前的你而已，你最後帶回來的，一定是更好的自己。

「謝謝大家的星星，每一顆大家的愛心星星，都會作為慈善捐贈，化成我們對這個世界的善意與溫暖……子倩，妳可以不用再捐了，剛剛那筆已經很多了。」我發現子倩又在線上捐出了星星。

我知道那是妳的心意，是妳對自己的期許。

其實妳早就已經做到了，我看見了，也感受到了，妳不只帶回了這個故事，也開始成為一顆小星星，給還在那趟告別的旅程裡的旅人們溫暖和方向。

照片提供｜子倩

你們並不是在「磨合」，
因為退讓的人，一直都只有你

　　「角子哥，人哪有天生就適合的？兩個人如果相愛，就應該努力『磨合』，不是嗎？」我看著這封發來臉書的訊息，不知為何心底就突然冒出了這位讀者可能會有的輪廓。

　　你一定是一個很重感情的人，你不相信不勞而獲這件事，你享受為了夢想而努力的過程；你也可能是有點任性的，喜歡順著感覺走，當你決定了一件事情之後，就很難有人可以改變你。

　　你喜歡他，想跟他長久是你的夢想，你願意為了這個夢想盡最大的努力。你當然不會都還沒嘗試就寫信來問我，你一定是努力過了，那就是你在那份感情裡經歷過的：你從那些跟他的美好出發，到後來開始會起爭執，你試過很多溝通的技巧，可是最後發現唯一的方式就是你「改變」。那不是選擇題，而是是非題，你只能選擇「要」或「不要」改變，你知道只要你選擇了「不要」，那這份感情就無法再繼續下去。

你在改變過後的那一段和平的日子裡，經常會鼓舞自己：「對啊！就是像這樣調整就好了！這世上哪有不吵架的情侶，只要度過這段『磨合期』，就又可以快樂過日子了。」直到，下一次的衝突又來了！你們吵架的頻率越來越高，高到你都還來不及快樂，就又被新的悲傷淹沒。你在他的強勢下，姿態越來越低，你不是只要忍過這一段崎嶇，前方就會一片平坦，你是退無可退了，最後還墜落到山谷裡。

　　擁有鋼鐵般意志的你，都傷成這樣了卻還想再努力，只顧著要求自己夠不夠盡力，而忘了當時追尋愛的初衷。你要追尋的並不是痛苦，而是幸福；你應該要接受的挑戰，是兩個人一起面對世界的考驗，而不是一個人承受對方的倨傲和羞辱。

　　感情的開始，跟「努力」無關。你無法靠「努力」，讓不喜歡你的人，變成喜歡你。兩個天生喜歡對方的人，接下來會進入相處的階段，這也跟「努力」無關，因為我們只能假裝一時，卻絕對無法偽裝一世，把「不適合」假裝成「適合」。

　　愛本來就該如此自然，你們從喜歡開始，後來又感受到了適合的快樂，於是終於一起啟動了「努力」。那就是在每一次的溝通，或是偶爾擦槍走火的爭吵後，兩個人都默默地調整了，往彼此的中間點又靠攏了——那就是兩個人的「一起努力」，努力的理由是不想失去對方、不想失去這份愛；那才是真正的「磨合」，

兩個人一起為愛磨合、用愛磨合，才能把愛淬鍊成長久的幸福。

你們絕對不是在「磨合」，因為退讓的人，一直都只有你。

那只是一場你跟自己的「磨合」：夢想跟妥協的磨合、念舊跟寂寞的磨合，你在那場磨合裡，不但全無進展，還耗損了最珍貴的尊嚴和對愛的相信。

不適合，就不可惜，硬要把不適合的人綁在一起，才是真的可惜。

把你珍貴的努力，用在值得的人身上，讓「磨合」成為走到幸福的過程，而不是消耗；讓「磨合」的結果是更甜蜜的靠近，而不是滿身的傷痕。

會寂寞，
是因為那只是你一個人想像出來的幸福

你在他說過的話裡迷路。
在他忽遠忽近的距離裡寂寞著。

會迷路，是因為他從來都沒有想要帶你去哪裡。
會寂寞，是因為那只是你一個人想像出來的幸福。

不能給你理由的人，最大的苦衷，就是自私。
不能讓你安心的感情，不可能成為幸福。

你會離開，你會開始走自己踏實的路。
踏實地傷心，踏實地越來越好。
因為你需要的不是理由，而是真正的安定。
因為你要的不是反覆，而是堅定前進的態度。

Vol.7

已讀不回，也是一種回應；
沒有理由，就是最清楚的理由

　　「角子哥，我們交往了一段時間，最近因為一些觀念上的爭執，他突然對我的訊息『已讀不回』，也不接我的電話，感覺就是要分手了。如果說當時在一起是兩個人的協定，現在想分開，也應該要告知對方吧！我該繼續問他嗎？還是我就直接放棄，一個人靜靜地離開就好了？」我看著這封讀者的來信，最後那句「一個人靜靜地離開」，讀起來讓人感傷。

　　那應該是許多人都曾經嘗過的「一個人的離開」吧，而那條離開的路從來都不會是真的「靜靜地」，「為什麼？」「真的就只是這樣？」「沒有再談的空間了嗎？」……那是每一個等過的人，心底都曾經湧現的喧譁。那不是你做人的原則，更不是你處事的方法，你在那場得不到答案的漫長等待裡，完全打擾不到他，只能苦苦為難自己。

　　從一開始的錯愕，到後來開始面對他的離開是一個事實，你

一直很努力，卻始終沒有真的離開。那條一直牽絆著你的情緒枷鎖，是捨不得？是期盼還有奇蹟發生？還是你最後也只是想要一個「有始有終」，希望那個一開始跟你說過愛的人，最後也可以親口對你說分開，讓你徹底死心。

也許那也是我們這一路的執著，我們一直只專注在自己想看見的、想相信的，卻刻意忽略那些其實早有跡象的——你們不是只有那些你眼中的適合；你們還有其他更多的不適合。

就好像關於這場分開，你一直堅持著想看見的答案，他其實早就展現了，你只是不願意看見；他不是沒有告知，而是早就作了一場最爛的說明。

已讀不回，是因為他懶得解釋；更可能是因為無法自圓其說，那些他太早就說出口的情話與承諾，對比他此刻的絕情，就算他口才再好，也顯得可笑而諷刺。

不給理由，是因為可以隨便你詮釋，他不在意你的痛苦與糾結，更不在乎你的誤解，那是他打從心底的無所謂。

已讀不回，也是一種回應；沒有理由，就是最清楚的理由。

他已經明確展現給你看的，不是只有那場告別的真相而已，

關於幸福，他的答案更是如此昭然若揭：一個不在乎你的人，不可能會給你真的愛；一個對愛有始無終的人，不可能會給你真的幸福。

「如果那是妳對那場感情，想堅持做到的『有始有終』，妳最後當然可以發一封告知他這份感情已經結束的通知。」我開始回信給她，「然而真正的事實是，不管我們後來再做什麼，對於一個不在乎的人，都不會有任何意義。」

你不會再苦等那個回應，一個不在乎你的人，你也不會再在乎他。

我們真正應該做到的「有始有終」，並不是對那個已經離開的人，而是對當時那個要出發尋找幸福的自己。你永遠都不會忘記，出發時對自己的承諾，你會穿過那些險阻，你會識破那些假象，你一定會帶自己去找到真正的幸福。

不打擾，也是一種祝福

你在這份感情裡失去很多，
你知道，這份愛將來也一定會教會你更多。

你會努力開始接受這樣的結果。
你們的快樂，和後來的傷心，都是真的。
讓你們都不要浪費最後僅存的感覺再討論了。

累了，不一定是絕情的。
累了，也可以是禮貌的告別。
該說的，都說過了。
如果從前你總是把他的話當真，
那他現在的不要，也是真的。

不適合，就別再彼此為難。
不打擾，也是一種祝福。

沒有他，你一樣擁有自己寬闊的藍天。
來日方長，你還有太多機會可以幸福。

你那麼努力，
也只是滿足他暫時的需要而已

你相信，自己曾經是他很重要的人，你陪他走過那些路，接住過那些他低落的情緒，在相識並不算長的時間裡，你投入的心力那麼多，這世界只有「愛情」會讓人那樣。

可是最後他卻想用「朋友」的身分離開，「我覺得我們還是比較適合當『朋友』。」他微笑著對你說，眼神裡好像閃爍了一下抱歉，卻絕對沒有遺憾。

可能是因為你的善解人意，也可能是因為你總是那個在幫他解決問題的人，你忍不住的眼淚，並沒有讓這份關係真相大白；也許，那其實更像這份感情的水落石出，原來你的珍惜，並不是他的可惜。

也許那注定是一份失衡的關係，你從前不想承認，但是你現在已經可以確認，從一開始，就是你放的感情比較深；從一開始，

你就是那個一直在等他的人。

　　也可能是你自己所造成，你的體貼與善解人意，那些你對他珍貴的心意，你總是故作輕鬆地給予，卻被他誤解成你的天分。也許那真的是你的天分，但那並不意味，你就不會期待、就不會失望，天分被辜負了，一樣會傷心。

　　那不是他的衝動，他對你的愛從來都無關衝動，那是他的感動，那是你為他做了那麼多之後，他才終於把那份「友情」定義成「愛情」的感動。你覺得欣慰，覺得一切的努力終於有了代價，後來你才明白，衝動跟感動的差別，就是衝動會想占有，可是感動卻可以在感動消失的時候，隨時從愛情退回到友情。

　　你還在等他，那對你來說並不困難，在這份感情裡，你本來就是那個只能等的人。從前，你用「情人」的身分等，在他忽遠忽近的關係裡疑惑著；現在，你用「朋友」的身分繼續等，才明白一個做情人會讓你寂寞的人，後來也絕對不會是一個會給你任何溫暖的朋友。

　　你當然可以繼續等他，一個用「朋友」的身分進入你的人生，最後又敢用「朋友」的身分離開你的人，洩露的並不是朋友的珍重，而是「自由」，是他隨時都可以進出你的人生，而不必有任何責任。

那不是你該有的寬容，因為那些寬容最後都會變成傷心。那不是你該繼續被扭曲的價值觀，友情該有的陪伴、愛情該有的珍惜，他都無法給你，那你就別再因為他的貪心而錯亂自己。

　　那是你一路上都看見的，他只為自己，不會為你前進，也不會因你停留。也許這樣的描述，會更接近那份關係：你那麼努力，也只是滿足他暫時的需要而已。

　　你接受那樣的緣分，你曾經如此善意地對待過一個走進你生命的路人，但你知道至多也應該僅此而已。你不會再等、不會再虛耗你的付出和傷心。你會把珍貴的愛留給前方那個對你珍貴以待的人，因為那才是愛該有的樣子，那才是對愛誠摯的你，應該受到的對待。

Vol.10

你要找的，
是那個跟你一樣可以做到的人

你要的不只是在一起的「決定」，
而是一起走下去的「堅定」。

你要的不是特別的相遇，
而是後來一生的扶持。
你要的不是短暫的擁抱，
而是一直放在心上的記掛。

你要找的，是那個跟你一樣可以做到的人。

你不會勉強誰，勉強的不長久，你要找的是一個一輩子的伴。
你珍惜相遇的緣分，但只有那個願意跟你一起努力的人，
才能跟你共構人生。

重逢

「角子,我要怎麼樣才會知道,對方有多愛我呢?」我經常會收到讀者來信問這樣的問題。

我不知道愛的深淺,該如何測試?我只是親眼目睹過這樣的一個故事。

是的,這個故事的主人翁是我的爸媽,這也不是一個浪漫的愛情故事,我印象裡的他們幾乎都在鬥嘴,而我好像總是比較站在媽媽那一邊,嗯,我承認,我跟媽媽比較親,我們比較是同一個世界的人。

即便我跟媽媽是同一個世界,我也還是不了解,他們的感情。有一次我們一起出國,在歸途的曼谷機場,他們為了行李不可以放在地上,又在鬥嘴。那是愛乾淨的媽媽,有一袋手提行李在爸爸手上,每當爸爸把那袋行李又放在地上的時候,媽媽就會唸他,

終於兩個人在機場吵了起來，我一路就裝作不知道，從小到大，我也習慣了，他們總是那樣。

回到台灣機場，媽媽去上廁所，那袋行李換到了我手上，我順手就把它放到腳邊。

「啊，媽媽說那個行李不能放在地上喔！」爸爸馬上制止我，彷彿那場爭執從不曾發生。

這也是當我離家，當我逐漸年長後，重新看待他們的感情的方式，兩個牡羊座的爭吵跟愛，其實沒有太大的差別。又或者，對於像我這樣的敏感的巨蟹座小孩來說，也許終其一生都很難理解，原來爭吵，也是一種溝通的方式。

他們的星座一樣，所以他們都一樣直率；可是他們的個性又很不相同，媽媽聰明、樂觀、大方，爸爸比較固執、封閉、保守。

「我們都是那屆學校新到任的老師，我第一次看到他的時候，腳上穿了一雙爛皮鞋，那個時候只是覺得奇怪，都沒想到，原來他家這麼貧苦。」出身自農村地主之家的媽媽，多年後跟我聊起她跟爸爸的初次見面。

也許那就是愛的玄奇，在我眼中，他們並不算適合，可是他

們還是一起經歷了好多人生的事，他們鬥嘴、冷戰，然後和好了，還是可以靠在彼此身旁。

然後在五十年後，接受台中市長親自頒贈的「金婚」獎牌的祝福。舉行頒贈典禮那天，兩個人為了要穿什麼拍照，又吵起來，終於爸爸穿上了媽媽要他穿的襯衫，兩個人到了現場，兩個他們從小帶大的孫子也被弟妹帶來了，這一對吵了五十年的金婚夫妻，真的像在拍新人照那樣地，喜孜孜地在攝影師的指揮下，對著相機咧嘴 C 出了一張美麗的沙龍照。

我一直以為，他們會這樣吵一輩子的。當媽媽確診肺腺癌後，我發現，爸爸就再也不跟她鬥嘴了。

我還記得那個媽媽確診的下午，爸爸跑到醫院來找我們，他沒有直接去病房，而是跟我先約在病房外面的樓梯間轉角，聽我先跟他說剛才來巡房的主治醫生說的病況。我在樓梯間的回聲裡，很大聲地對著重聽的爸爸說話，他沒有太多回應，我以為是他聽不清楚，突然發現，爸爸已經紅了眼眶。「那我們進去看媽媽吧！」他突然抬起頭對我說。

在剛開始住院治療期間，那時媽媽的身體狀況還不錯，爸爸堅持要在醫院陪她。

「你早點回去睡覺，明天還要工作，我反正重聽不怕吵，我睡在這裡沒差。」每到傍晚，兩個人就輪流趕我回家，然後兩個人就像從前出國冒險那樣，會一起到醫院樓下的美食廣場找東西吃。兩個八十歲的老夫婦，也成為輪班的護理師們的笑料，每個走進病房初見那條塑膠繩的護理師，幾乎都會忍不住笑出來！那是爸爸笨拙卻很有用的發明，他怕媽媽半夜想去廁所，如果喊他，他重聽會聽不見，於是他找了一條繩子綁在自己手上，媽媽想上廁所就拉他，他就會醒了。那條紅繩，突兀地出現在病房裡，就像是這對結縭五十年的戀人們的一個牽繫。

　　後來媽媽開始回家休養，後續的化、放療讓她的體力每況愈下。她是一個很安靜的病人，從來不會把不舒服的情緒表現出來，爸爸就靜靜地跟著她，他們不鬥嘴了，他從此變成一個她的影子。

　　我還記得那是一個冬天的下午，爸爸出去買東西，我在客廳陪媽媽，媽媽突然跟我說：「媽媽將來不在了，你要對爸爸好一點，要記得媽媽說的話，對死的人好沒有用，要對活著的人好才有意義。」我點頭說好，然後就開始爆哭，「不要哭，你從小就很孝順，媽媽會保佑你的！」我們母子緊緊擁抱的那個下午，媽媽交代我的那番話，我永遠謹記在心。

　　後來，我才知道，媽媽在那段時間也交代了弟弟和弟媳，他們一個在印度工作，一個在台中，媽媽寫了長長的 LINE 給他們，

告訴他們，一定要好好照顧爸爸。

　　媽媽再次入院是因為帶狀皰疹，那意味著她的免疫系統已經很差。我們硬拉著她去住院，我感覺那不是致命的病，在住院幾天後也的確有穩定下來。我還記得那天是母親節，弟妹帶著兩個孫子從台中北上看媽媽，都已經坐上從高鐵站要到內湖三總的計程車，媽媽突然在病房抽搐、發燒、氣胸，護理站馬上衝過來五、六個護理師，一起幫媽媽做緊急處理。後來，狀況好像比較穩定了，弟妹也剛好到了，在疫情初期，進出病房必須要有通行證，我請爸爸下去帶他們，隔了一陣子，卻是弟妹一個人先上來，我問說：「他們呢？」「爸爸一下來就抱著孫子大哭，說阿嬤要死掉了！我就趕緊先衝上來了！」弟妹氣喘吁吁地說。

　　小孫子們離開後的那個下午，在那張插著兩朵康乃馨的病床邊，是一對老夫妻的生死訣別，爸爸跟媽媽握著手，兩個人各自默默地抹著淚。

　　「爸，在醫院不要哭，這樣不好，媽媽只是轉去加護病房，狀況好轉就會再轉下來普通病房的。」我私下跟他說，也是真心這麼想的。

　　後來，媽媽真的在一個月後，離開了加護病房，只是需要靠呼吸器才能維生的媽媽，已經非常虛弱，連每天五分鐘的坐在

床緣的練習，對她來說都是耗盡體力的動作，可是意志力強大的媽媽，偶爾還會挑戰站立，尤其是爸爸在的時候，她就像一個女孩，想要表演給他看。爸爸不只每天會去陪她練習，還會幫她做一個小時的腳底按摩，「妳今天要按摩嗎？妳如果不要我就不按了喔！」爸爸問媽媽，用像在跟小孫子說話的語調，當媽媽開始逐漸退化，於是他選擇跟她一起在那場疾病裡退化成孩子，「好啊！」已經發不出聲音的媽媽用氣音說，可是臉上有笑容。

「媽媽，我愛妳！」那已經成為我每天晚上要離開病房時，固定會跟媽媽說的話；會跟著我一起離開的爸爸，總是在我身後等著，那不是他習慣說的語言，我知道。

那天清晨，當看護打電話通知我，本來已經漸漸穩定的媽媽，突然病況又急轉直下，我跟爸爸衝到醫院，看著媽媽又被送進加護病房，這一次，媽媽沒有再出來。

我永遠記得那個早上，我以為早有心理準備了，已經用「媽媽再也不用吃苦」這個理由，鼓勵過自己千百次了，可是在等媽媽離開的時候，我的心還是那麼痛。媽媽在那個下午交代過我的，我都記得，我會提醒大家不要哭，眼淚不要滴到她，一切從簡，把省下來的錢，捐給她退休的啟聰學校，給那些家境貧寒的聾啞孩子使用。

「媽媽，我愛妳！」我在媽媽心跳停止的時候，靠上去跟媽媽說。然後我就看見在我身後的爸爸，突然也靠過去，親吻了媽媽的臉，然後輕輕地說：「我愛妳！」

　　接下來，我們開始忙著喪禮，那是爸爸接下來很安靜的日子，他經常一個人待在家裡。突然有一天，十幾個媽媽在台中娘家的親戚，一起上來台北的靈堂要給媽媽上香，我緊急通知爸爸來回禮。我看見爸爸來了，身上卻穿著當時跟媽媽參加五十年金婚典禮的襯衫，等到親友們都離開了，我趕緊跟他說：「爸，下次再來回禮，你就穿全黑的，我會幫你準備。」爸爸點頭說好。

　　我知道，我不怪他，那是他心目中以為最正式的衣服，那是媽媽最後一次幫他選的衣服，沒有媽媽，他什麼都不知道了。

　　「哇！你們好厲害，都可以跟得上法師誦的那些經，我一個字都跟不上。」爸爸在媽媽第一次誦經法會結束後對我說。從來都沒唸過經書的他，當然會覺得很困難。

　　轉眼間，媽媽已經離開我們超過兩年了。

　　「爸，我是××，你吃飽沒？」這兩年多來，我總是會在每天傍晚六點多打電話回老家給爸爸，因為我想，因為我知道媽媽也會希望我這樣。

「××，吃飽了啊！你吃飽了沒？」爸爸在電話那頭總也會熱絡地回應我，那其實更像從前媽媽會回應我的語調，我知道，那是因為他想，因為他知道媽媽也會希望他這樣。

「我跟你說喔，我現在越來越確定，媽媽在西方極樂世界，而且過得很好喔！」

爸爸經常會在電話裡，雀躍地跟我說，他又夢見媽媽，然後跟我說好多細節。

那是爸爸跟我說過的第一個夢，那是媽媽走的那一天晚上，他說他看見媽媽向他走過來，不是後來生病虛弱的樣子，也不是媽媽跟我說過的，他們第一次約會的樣子，那是他這輩子第一次看見媽媽的模樣。

「我看見她穿著白色的上衣、黑色的裙子，向我走過來，那就是我第一次在台中師專看見她的樣子，她那個時候就是學校的風雲人物了，我第一次看見她，就覺得這個女生好特別啊……」爸爸跟我說著那些，連媽媽都不知道的細節，原來有一個男生，在她以為初次相遇的好幾年前，就已經默默地欣賞著她。

親愛的媽媽，那是爸爸看見妳的樣子；那妳應該也看見他後來的樣子了吧！那個曾經一個字都跟不上誦經的人，現在除了運

動、休息、看一直重播的《阿信》，每天最大的精神寄託，就是花八個小時唸經。就坐在你們金婚合照的那張照片下面，已經唸繳了好幾本經書，是寄託、也是想念，更大的心意，是想要迴向給妳。

那天我跟爸爸說我要上山看媽媽，爸爸突然跟我說：「你幫我跟她說，我很好，不要掛心，然後我很想她。」我在電話這頭只能努力地發出單音，因為我正在掉眼淚。

「角子，我要怎麼樣才會知道，對方有多愛我呢？」每當我又被問起這個問題，我總是不知該如何回答。我無法告訴你，測試愛的深淺的方法，於是我只能告訴你一個我親眼目睹過的故事。

這世間所有的「生離」，都一定有它最後會分離的原因。
只有「死別」，是身不由己。
有些生離，等同死別。
有些死別，卻在愛中不斷重逢。

第二章

走進悲傷

用眼淚開始，
以微笑結束。
眼淚與笑容，
都是你最真摯的告別。

走進悲傷，
是為了勇敢走出悲傷

走出來不是「遺忘」，
而是終於明白了自己的珍貴。
走出來不是「放下」，
而是從此更確定了，自己想要的東西。

你不會停在這裡，
你會為自己爭取。

走進悲傷，是為了勇敢走出悲傷。

你會勇敢走進那座傷心的森林，
你一定會找到那個光的出口，
帶回嶄新的自己，還有幸福的寶藏。

Vol.1

你不是走不出來，
你只是想要愛得有始有終

　　那場傷心，已經過了你必須用盡全力才能抵擋的階段了。你偶爾還是會覺得心酸，但已經不再心慌；你偶爾還是會想起從前，但你已經清楚地知道，那些都是過去的事情了。

　　「走出來」最讓人傷心的，並不是那個故事本身，而是在故事結束後，你一個人又走過的故事。兩個人一起走過的那段路，他好像連一個深呼吸都不必動用，就可以踏上新的路程。不像你，那條「走出來」的路那麼長，你還在走，你還在這裡。

　　那些分開的原因，合理的、不合理的，你都已經了解。那些在過程中的快樂還有眼淚，你都還在整理，最後也一定可以在心上找到一個位置，可以收藏。

　　你還是會在意他，但已經可以做到，讓那些波瀾僅止於你的內心，幾乎沒有人看得出來，其實他還在你的生命裡；你知道，

他真的已經離開，甚至還可以對自己殘忍地確定，那些你偶爾還會在心底漾起的回憶，他應該不會再想起，但那真的都沒有關係，他不愛你了，你連那件事情都已經接受了，接下來還有什麼事是不能承受的?!

當期待幻滅，當那些說服自己的理由，也不再必須，你承認，你早就看出來了，對比於他的自我和隨興，你一直是那份愛裡，比較負責的人。

你不是只有對他負責而已，你還想對愛負責。你想要在那份愛裡做到的，並不是只有對他好，而是還要讓那份愛，茁壯成長久的幸福。那就是這一路，你對這份愛的耕耘，那些他不會懂的細節，那些對你來說深具意義的點點滴滴，你當然做不到像他的灑脫，可以那麼輕易說毀棄就毀棄。

那是你們一起說好的開始，卻不是你們一起說好的結束，你還沒有走，並不是因為他，你是為自己留下來。

那是你對這份愛最後的堅持，你會一個人留下來，整理那些回憶，沉澱那些道理，那是你最後要為這份愛做的事情。

你不是走不出來，你只是想要愛得有始有終。如果你曾經願意為那份愛負責，那你也要讓那份愛負責地結束。

你不想逃避，不想急著用新的快樂掩飾這場痛苦；你不想因為他的無情，就故作灑脫。你最不想做的事情就是因為他的不在乎，而否定自己這段珍貴的付出。

　　那份愛雖然沒有結果，但你最後一樣可以有收穫。很遺憾他終究不是那個人，但你知道那份遺憾後來會成為你最大的收穫，很慶幸他終究不是那個人，因為你在過程裡耕耘的並不快樂。

　　你最後一定會離開，你會一個人走完這場愛的全程。你會自己寫下那份愛的結局，讓結局，不再是傷心，而是珍貴的成長。讓這段時程，不再是孤單，而是你就要動身前往幸福前，最後的沉澱與暖身。

Vol.2

這次，你是真的要走了

與其說是他無法給你什麼，
倒不如說，是你再也無法給他更多的快樂了。
與其說是他無法說服你，
倒不如說，是你再也無法繼續騙自己了。

這次，你是真的要走了。

不必再考慮他，
不用再幫他找理由，
日子雖然會暫時很苦，但很單純。
你會再把日子活回純粹，
讓人生的主角，真的是自己。

路一開始一定會很難，但只要往前走，
你的將來，就會開始很不一樣。

你知道只要哭著走完這一段，

命運最後一定會給你一個笑著的回答。

Vol.3

走出來需要的不是「釋懷」，
而是真的「行動」

「角子，我真的忘不了他，你能開導我，讓我釋懷，可以盡快走出來嗎？」

你也跟這位來信的讀者一樣嗎？很想走出來，可是越用力想忘記，就發現自己越無能為力。甚至，會覺得自己就像中了魔咒，一定要找師父來驅邪，解除你心中的那些怨念和疑惑，才能夠開始走出來呢？

此刻，我應該就是這位讀者眼中的驅魔師父吧！哈！如果我很坦白地告訴你，就算我已經走出來，就算我後來終於遇見了幸福，可是我還是沒有忘記那段感情，也依然還記得那場傷心，這樣會不會很遜？!

我沒有「遺忘」的方法可以給你，因為會傷到心，一定是因為動了很深的感情，曾經真摯地付出過，就不可能會真的忘記。

而且，走出來也絕對不是因為「遺忘」，而是因為「看清楚」。

　　所以，別強迫自己去做到不合常理的遺忘，而是要讓自己先努力往前走。就算經常會回想都沒有關係，只要提醒自己，別只回想好的，也要記得回想壞的……我們往往就是在那一次次的淚眼矇矓裡，才越看越清楚了，原來除了那些快樂，你還承受了更多的辛酸與委屈，他沒有善待你，那真的不是幸福。

　　我也許可以暫時安撫你的傷心，卻絕對無法解決當你又回到一個人時的孤獨。我們因為別人的勸說而釋懷的感受都只是暫時的，只有自己明確地給自己的答案才會是永久的。

　　別因為孤獨而覺得心慌，孤獨是因為你正在看見自己；別因為意志動搖而覺得自己又回到原點，只要你願意繼續努力，每次脆弱心慌的時間就會越來越短。我們都是在質疑自己的過程裡，重新發現自己的價值；在無以為繼的虛弱裡，因為又站起來，才越來越勇敢的。

　　「走出來」不是一個時間點，不是遺忘或釋懷的剎那發生；「走出來」是一個過程，是我們只要願意先往前走，就一定會越來越好的過程。

　　走出來需要的不是「釋懷」，而是真的「行動」。至於那些

疑惑和情緒，就先帶著它們上路吧！也只有在前進的路上，在我們用行動展開的新生活裡，才能用新的角度看清楚它們的原形，才能夠真正地化解它們。

　　這不是來自一個驅魔師父的說法，而是每個走出來的人都可以跟你保證的事實。我們總以為「走出來」就是退回到初始的原點，後來才發現那是一場前進去尋找自我的過程；我們以為「走出來」是一場傷痕的修補，最後才發現原來傷痕會長出翅膀，帶我們飛向更高、更好的世界。

　　所有後來沒有他的生活，就都是新生活。其實，你早就已經在走出來的路上了。繼續更篤定地往前走吧！因為走出來並不是為了要離開傷心，而是要走去真正的幸福。

Vol.4

是那些過程，
讓我們成為了獨一無二的人

當你終於確定，你們不會再有新的故事發生，
他終於也成為你過去的一部分了。
所有的快樂，你都會記得；
那些傷心，你也一定可以走過。
會痛苦，是因為曾經很快樂。
每場傷心，最後都會讓我們長大。

人生很長，你不再急著下定論。
曾經你很愛的，也許後來也會遺忘。
而那個傷你很深的人，也許多年後也會被傷，
也會突然想起，自己也曾經這樣傷害過一個人。

每個人的幸福，都有他的路程。
是那些過程，讓我們成為了獨一無二的人。
曾經你很執著的那個點，後來再回頭看，總會有不同的意義。

當時你以為過不去的那個人，
最後也只會成為記憶裡的一個名詞。

那就是終有一天，當你回頭看，
那個故事最美好的部分已經不是他，
而是當時那個珍貴而勇敢的自己。
那個故事真正的結局並不是悲傷，
而是你從那裡出發，最後找到了真的幸福。

幸福似顏繪

「哇！這是怎麼畫的？這隻大猩猩身上的毛，每一根看起來都好立體啊！」我看著她手機裡的作品，忍不住讚嘆出來！

「這是『似顏繪』，也就是日文『肖像畫』的意思，是用粉彩筆，一根一根畫出來的。」邊說邊用「手指」指給我看，我寫到這裡，突然發現好像有語病──因為她是幾乎沒有「手指」的。

是的，彥妤是一個一出生就手指、腳趾萎縮的女孩。

「剛出生的時候，爺爺奶奶看見我這樣，就說不要我，是媽媽堅持把我留下來，然後連續哭了一個月，才接受這個事實。」她輕鬆地說。

那是一個傷心的母親，在那一個月裡，把這個女孩將來會遇到的困難揣測過千百次了，卻一定還是會有的遺漏。

「印象比較深的是開始去上學，有一個小朋友看見我的手，可能是嚇到或是沒見過這樣的手，就突然拿鉛筆刺我的手。」她說。

　　不知道是因為年代久遠了，還是因為已經習慣，我發現彥妤很少著墨她在遇見那些事件後的悲傷。

　　「妳什麼時候發現自己有畫畫的天分？」我問。

　　「我不覺得自己有天分啦！只是在寫作業無聊的時候，看著課本上的照片隨手畫，媽媽覺得我好像對美術跟手工的東西，很有興趣。」在她說話的時候，我的眼神忍不住快速掃過了她的手，在那兩根看起來其實更像肉芽的手指中間，有一個剛好可以夾起一支筆的空間，她在被同學刺傷手之後，沒有花太多時間專注在那個傷口，而是開始用那個缺口夾起畫筆，開始她的畫畫人生。

　　「在學校的時候，會想藏住手嗎？」我問。

　　「藏不住啊！因為國小會一起同學六年，怎麼可能藏得住?!」她笑著說。

　　進入國中青春期，在那個女孩們開始更在意外表的年紀，她因為一次意外跌倒傷到頭部，從此有了癲癇的後遺症。經常上一

秒還很正常，下一秒就突然像觸電那樣抽搐、昏厥，醒來記憶就像斷電那樣完全不知道發生過什麼事情。

所以，彥妤從小就跟媽媽很親，因為都是媽媽帶著她坐車四處去看醫生。是媽媽發現她的美術天分，但最後也是媽媽建議她放棄想念的美工科，改念商科。理由很簡單，因為美工科學校太遠，而那間商科學校有校車接送上下課，離家也比較近，家人比較能就近照顧她。那是有癲癇症的她，必須接受的現實，那是彥妤生命裡第一次傷心的妥協。

二十幾歲那年，她遇見了一個對她不錯的男生，她以為這段感情會修成正果。

她還記得那個晚上，在那個手機還不普及的年代，她打電話去他家，結果是他的媽媽接的，她直接跟她說：「聽說妳身障喔！以後請不要再來找我兒子了。」她在電話這頭彷彿被雷劈到，還沒說好，眼淚就先掉下來了。

她可以很努力去體諒他媽媽的心情，因為她是一個愛護兒子的母親。

可是她很難體諒的是那個男生，他明明知道彥妤的一切，她對他從無隱藏，可是他還是在那通電話之後，跟她漸行漸遠。

那也是彥妤後來對感情漸行漸遠的十幾年，她沉浸在畫畫的世界裡，除了自修也去上課，她在那個世界的可能性比較多，她畫過各式各樣的東西，給我看的這幅作品「金剛」，是她喜歡的作品之一，她一筆一筆地畫出牠身上的萬千根毛髮，告訴自己一定要永遠像牠一樣「剛強」而且「自信」。

　　在外面那個真實的世界裡，彥妤一直是帶著「剛強」前進的，這個世界對她並不算友善，她感謝那些刻意迴避過她的身障的眼神；她比較害怕的是那些突如其來的冷嘲熱諷，會讓她來不及拿出剛強來抵擋。

　　「好羨慕喔！可以有勞工局規定的身障保障名額保護，都不用擔心會被公司解雇。」在公司宣布一批裁員名單後，一個被解雇的同事突然在她面前這麼說。

　　她默默地接下了，不回嘴，也是一種剛強。而她還想從金剛身上得到的「自信」，其實更像「自知」，她告訴自己只要不貪心，不貪心地想要那些她愛、可是最後也一定會傷害她的東西，那她就可以慢慢去實現自己想要的幸福。

　　彥妤的幸福很簡單，隨著年紀漸長，癲癇發作的頻率越來越低，就是她最大的幸福。身體漸漸好了，在醫生的同意下，她的世界也變大了，她開始參加旅行團的旅行，去了世界的許多地方，

她把那些風景和感觸記錄下來，陸續化成創作豐厚的能量。從來沒想過作品會被收藏的她，竟然也開始會有人來請她割愛，有一幅媽媽掛在辦公室的棉紙撕畫作品，最後被一個客戶用八千元的紅包價買走。

「照妳的工時，這個價錢其實並不划算耶！」我笑著對她說。

她不是天才，這也不是肯定一個天才的價格，但我想「天才」對她來說也許是一種侮辱，那是多少後天的眼淚和汗水，才能走到的這一步？

而這一步，對許多人來說，也只要努力前進就可以到達。可是對於身障的朋友來說，又必須在那些打擊的瞬間後退裡，要再更努力多少，才能走到跟我們一樣的地方呢？

彥妤不會快，她只會慢，尤其在感情這條路上，她不敢快，因為快就會受傷害。那是她在又開始尋找愛的時候，一直提醒自己的。

她唯一會的快，就是後來會在第一時間告訴別人自己是「身障」，她接受過那樣直白的指責，那是對方在交友軟體的對話框裡打出的字：「妳應該盡快告知對方妳的問題，避免浪費彼此時間！」彥妤看著那些字，她從未想要隱瞞，可是她現在知道了，

她應該在所有的聊天開始之前先講的，比身高、體重、年齡、嗜好⋯⋯任何自我介紹的資訊都更早，因為那才是最重要的事情；因為那也會是所有後來的分開的唯一理由。

　　起碼，那是她後來又陸續發展過的兩段感情，會結束的同樣原因。

　　他們都一樣，都在第一時間知道她身障，後來也都接受彥妤對他們的好。她為他們做過的事情很多，就跟所有為愛執著的人一樣，她以為那就是愛的付出和美德，她接受他們都離過婚，甚至還幫他們照顧小孩。第一個男生，跟彥妤交往了一年多，卻始終不願意讓彥妤見他的父母，說他的父母一定會因為她的身障而反對；第二個男生，讓彥妤去他家，教他的小孩畫畫，卻在他媽媽問她是誰的時候回答：「喔，她是我請來的美術老師！」

　　這兩個男人都一樣殘忍，他們都知道她人生的傷口，他們用愛靠近她，最後也用愛再傷害她一次；這兩個男人都一樣卑劣，如果他們也認為那是一種殘缺，為什麼他們都還要在每週一次的約會裡，用彥妤的身體滿足自己？!

　　孤單沒有關係，多年來她也早就習慣一個人；最可怕的是，在努力走了那麼久之後，才發現原來自己還是一個人。

彥妤沒有花太多時間自怨自艾，那不是她的人生，她此刻所擁有的，沒有一樣是用怨換來的；她不想耗費時間悲傷，她把那些情緒都宣洩在她的作品裡。

「妳跟文雄是後來又重新聯繫上的？」我問。

「嗯，他是幾年前網路認識的朋友，後來見過兩次面，彼此印象應該也還不錯。」彥妤說。

他們不住在同一個城市，文雄的工作也不是週末休假，所以他們要見面並不容易。那份感情連開始都還來不及的原因，是文雄的爸爸突然得了癌症，他要照顧爸爸，工作、照護兩頭燒，後來又碰上新冠疫情，就在彥妤幾乎要忘記這個人的時候，兩年後，文雄又出現在她的生命裡。

「因為我的聯絡方式都變了，他還滿有心的，找到我公司的電話，打到公司給我。」她說。

文雄說爸爸的病已經好了，現在只需要定期回診追蹤；他也換了一間公司，現在休假很正常。他們開始恢復聯繫，每個週末，文雄都會從台中開車去彰化找她，他們就像朋友那樣自在聊天。文雄比她年長，一直都從事業務工作的他，閱歷也比彥妤豐富很多，文雄從來不會逼迫她做什麼，他不只對她好，更懂得尊重她，

所有情人間從曖昧到親近的過程，文雄都會尊重她的感受。

　　彥妤跟他聊過自己從前的故事，還有曾經遇過的那些人，文雄說她笨，可是彥妤覺得他的語氣聽起來更像心疼，然後他突然舉起彥妤的手說：「身障又不是妳自願的，以後我會好好珍惜妳。」

　　文雄跟她從前在感情裡遇過的人都不一樣，他沒有將她關在感情的世界裡，他帶著她走出去，他們一起去了好多地方。他帶著她去爬山，在每一個陡坡，都自己先爬上去再回過頭拉她；給她許多旅行的驚喜，帶她去住在房間就可以看見日月潭全景的涵碧樓，她不知道那個房間到底要多少錢？可是她知道那是自己這輩子第一次過的情人節。

　　比起那些假期裡的快樂，彥妤更喜歡的是文雄的日常。彥妤是大路癡，這點我可以作證，所以我跟她只能約在彰化火車站正對面的咖啡廳，其他地點，她擔心會找不到。

　　所以在夜市，或是任何人潮多的地方，文雄都一定會牽著她的手，怕會跟她走散，彥妤喜歡這樣，這是她覺得最靠近幸福的感覺。

　　文雄就這樣帶她走進了一個新的世界，他不只帶彥妤去見自

己的家人和朋友；他還帶她去見他的客戶，他會跟他們說：「這是我女朋友。」

那不只是彥妤自己的感覺，那也是她好幾次從他的客戶那裡聽來的，當他們聽到文雄要排休，帶她出去走走，都會跟他說：「那你要交代好代理人喔！你們公司我可是只信任你，只讓你接單跟送貨喔！」她看著那些工廠老闆，她知道文雄應該是一個有責任感的人。

最後一個幫彥妤把關的人，是她最親愛的媽媽，媽媽一直在幫她看著，那天文雄跟媽媽說：「媽媽我會好好照顧彥妤，絕對不會讓她吃苦的。」媽媽馬上就答應他，在媽媽心中，她早就把文雄當成自己的女婿，在那個她曾經哭了一個月的畫面裡，她最希望看見的，就是女兒遇見真正的幸福。

「所以我那天才把結婚的禮盒照片發給角子，想跟你分享我的喜悅。」彥妤笑著對我說。

當我收到那張禮盒照片，順著那個喜悅往上滑，還陸續看見了，這些年，她曾經在受過傷之後，發給我的訊息。我看見的，並不是我的安慰，而是她總是回覆給我的，對自己正向的鼓勵。

所以，我才會從台北來到這裡，想親自聽一回這個故事，想

看看一個走過癲癇、身障的女生，最後是憑藉了什麼，遇見了自己的幸福。

這是一個從悲劇開始的故事，可是她沒有埋怨，只有對自己堅定的相信；這是一個以喜劇收尾的故事，我知道故事還長，幸福還可以很長久，我更確定的是，不管將來如何，彥妤都有足夠的勇氣跟耐力去面對生命的挑戰。

這不是一個太簡單的故事，如果我們要一直著墨在那些不甘心與悲傷；可是這也是一個好簡單的故事，那就是一個女孩，在每一次與傷心的告別之後，又長出新的勇氣的故事。

她不會快，她只會慢，沒有妥協與將就，這是她用人生一筆一筆終於畫出的幸福。

這年，她四十五歲。

「我知道這個故事要叫做什麼了。」我抬起頭對她說。

彥妤看著我。

這就是「幸福似顏繪」的故事。

Vol.5

你要的是兩個人一起前進的未來；
而不是一個人孤單地「回到過去」

你捨不得離開，你懷念那段過去。

心情平靜的時候，那些捨不得，只是躲在鞋子裡的一顆小細沙，儘管難受，還是可以前進；最怕是當脆弱突然來襲，捨不得會變成坍塌而落的巨石，擋住前路，讓你突然就那麼想轉身「回到過去」。

於是你會有那麼一瞬間就真的「回到過去」了，那段過去果真如此美好，因為它只是一個在記憶裡的片段，如果可以，這次就先別留在那裡太久，讓記憶的影片繼續往下播放吧……那段過去的後來，那些又陸續發生的爭吵、寂寞、不在乎跟絕情，才是更接近那個故事後來的真相。

是的，「過去」經常都是浪漫虛幻的，只有後來的那些傷害才是真實的；「過去」的喜歡是真的，但是後來的不適合才是更

現實的。所以後來的不適合，才會消滅掉那些剛開始薄弱的喜歡；所以就算我們再想回到過去，那些過去也永遠不再存在了。

你等過他，希望他能跟你一起再「回到過去」，也許你真的等到了，他回頭的理由可能是「終於明白你的好」，我們經常在那場破鏡重圓的喜悅裡忘記了，真正的重點是「離開」，而不是「回來」，就像那個黏在牆壁上用來掛鏡子的掛鉤，一旦脫落了，你再把它按回去，也很快就會再脫落的。

一顆捨得把你丟下的心、一個不在乎你當時的傷心的人，他唯一真正做到的，是無情的離開；那個說「終於明白你的好」的人，他並不是出去試了一千次，於是終於認定你是最好的，他回頭的理由，經常薄弱到，也只是因為一時寂寞而已。

一個因為寂寞而回頭的人，唯一能帶你回去的，就是從前的傷心跟寂寞而已。

這世上，真正能帶你「回到過去」的人，就是那個始終在你身邊的人。過去是淺薄的，後來才是深刻的。他偶爾會帶你溫馨回顧那段相愛的初始，但你們更享受的是，將來還要兩個人一起攜手前進的後來。

一個能帶你回到過去的人，一定會更想帶你走去幸福的

未來。

　　你吃過那樣的苦，你走過那樣孤單的路，無法往前，也無法回到過去。現在你已經明白，會讓你想「回到從前」的人，是因為跟他沒有路可以走去將來。

　　對的人，會帶你走去未來；錯的人，才會讓你想回到過去。

　　於是你也應該起身去追求真正的幸福，幸福沒有「回到從前」這種狀態，你要的是兩個人一起前進的未來；而不是一個人孤單地「回到過去」。

每個人都有他的人生路程，
你不比較

每個人都有他會愛上的人、要受的傷，
會擁有的快樂，和難免的遺憾。
每個人都有他的人生路程，
你不比較。

沒有白受的傷、沒有白流的眼淚，
與其可憐自己，
你寧可把時間專注在學會。
學會強大，學會判斷愛的是非。
學會看見，自己的價值。

你接受那些挑戰，
你享受成為自己的過程。
不羨慕他人，不因旁人而懷疑自己的價值。

你一直知道自己想去的地方。
你會堅持自己的誠實與善良，
每一天，你都走在前往夢想的路上。

約定

　　我點開大軍跟小敏各自的臉書，想親眼看一下小敏口中所謂兩個人三十公分的「最萌身高差」究竟是怎樣的？

　　小敏說當她在夜市第一眼看見老闆大軍的時候，就驚為天人，大軍是她的天菜，她從不掩飾對他的喜歡，那就是小敏的率真與直白。一年後，他們真的從熟客進階成情侶。

　　大軍是工作狂，身為家中長子的他，把照顧家人的責任攬在身上，他同時打兩份工，白天在工地工作，晚上在夜市擺攤。即便在時間跟經濟都不闊綽的情況下，大軍還是對小敏很好，那種「給你吃肉，我喝湯」的幸福，大軍真的給過她。

　　每次，大軍帶她出去吃飯，她故意要點便宜的，大軍就會把價錢都先遮住，要她點真正想吃的，然後自己才點最便宜的；明明工作很累了，還要開車帶她到外縣市去玩，有時候撐不住了到

休息站休息一下，小敏看著熟睡的大軍，總是捨不得叫醒他，就讓他好好補個眠，所以他們經常到達目的地時天都已經黑了。

如果硬要說大軍的缺點，那就是太「孝順」，然而，「孝順」怎麼會是缺點呢？但很維護家人，不管家人做什麼都是對的，除了「孝順」，還有什麼更好的說法呢？如果大軍的孝順跟小敏無關，那她一定會支持他，但很慘的是，大軍的家人並不喜歡她，所以大軍的「孝順」，就經常是小敏的傷害。

他們家很團結，團結到幾乎容不下外人，小敏不是他們眼中的第一個外人，大軍從前交的女朋友，也都是他們抵禦的外人。後來，他們每次吵架都是因為他的家人，小敏無法接受大軍的家人對她的態度，如果可以融入對方的家庭，誰會不想一家和樂呢？! 但是他們的做法，讓小敏真的很痛苦，直到有一次大軍哭著對她說：「家人又不是我可以選擇的，只要我對妳好，就好了啊！」在那一刻，小敏懂了大軍的「孝順」，她知道除非她離開，否則大軍是不可能會改變的。

因為自小成長的經歷，大軍跟小敏說自己是「不婚主義者」，然而，那畢竟是以後的事，他們對彼此的愛，那麼確定，又怎麼可能被任何還沒有發生的事情阻止呢？!

唯一能阻止他們的，就只有意外了。

原本，大軍應該可以逃過那場工地意外的，為了拉開站在掉落的鐵板下方的徒弟，也只多耽擱了一秒，那一秒，讓鐵板壓斷了大軍的腿，更讓他後來在家裡躺了一年半。在那一年半裡，小敏白天一下班，就會馬上去大軍家照顧他，每天幫他把屎、把尿、擦澡，一年半後，他站起來了！然後跟小敏說：「我們結婚吧！」

在那一刻，小敏覺得一切都值得了！

因為在同一時期，大軍也開了自己的店，幾乎用掉了所有的積蓄，所以他們沒有錢舉辦婚禮，他們只花了一百五十元在戶政事務所登記。登記那天他們還是像所有的新郎新娘一樣開心，因為他們從此有了共同的夢想，那是他們的約定：接下來，要努力存錢辦一場婚禮，還有搬出去住。

他們沒有浪漫的新婚生活，結婚後就馬上投入工作，小敏每天下班就會到大軍的店裡幫忙，大軍更辛苦，幾乎每天都工作超過十五個小時，他們沒有太多時間相處，甚至連要一起好好吃頓飯，都不容易。

小敏也不再是客人，而是他們家裡的人，她跟大軍的家人的摩擦次數越來越頻繁，每次想跟大軍溝通，兩個人就又會吵架。但他們到底是夫妻，在店裡生意忙的時候，兩個人只要眼神一交會，就可以彼此相互支援。所有的委屈與辛苦，她都可以忍，因

為他們一直沒有忘記那個約定，大軍也的確正在朝向那個目標走。結婚三年後，他們終於存夠了錢，婚禮的日期就定在三個月後，小敏知道大軍很忙，所以她幾乎包辦了所有籌備婚禮的細節，連婚紗都是自己一個人去試；他們也開始在找房子，辦完婚禮她們就要租房子搬出去住，終於要開始經營真正的兩人生活。

那天晚上，他們又為了家人的事情起了爭執，小敏後來就在床上淌著淚睡著了，半夜突然聽到一聲巨響，她走出去房間看，發現大軍跌倒在地上，她拚命喊他，直到幾分鐘後他才醒過來，小敏拉著他要去醫院，大軍堅持不用，說他累了想睡覺。小敏不放心地坐在床邊看著他，一個小時後大軍開始吐血，他們將他緊急送醫，醫生說是頭骨破裂，顱內出血壓迫到腦幹，要緊急開刀，開刀過程有風險，也可能在醒來後變成植物人……小敏顫抖著簽下家屬同意書，最後雖然手術成功，救回一命，但因為傷到左腦，導致半邊身體癱瘓。清醒後的大軍，不認得任何人，包括小敏；隨著記憶一併失去的還有語言功能，也就是俗稱的「失語症」。

加護病房每天只有兩次、每次半個小時的探病時間，小敏拜託公司通融，讓她請小時假，可以每天出來兩次去看他。你可以說那是小敏的不懂人情世故，她真的無法理解，為什麼那些平常並不常來往的親戚們要來占用她的時間，要探病，不能等到大軍轉到普通病房再來看嗎？！

她最無法接受的是還要配合家人執行那些奇怪的民俗偏方，她可以理解那是大家的心意，可是她都不能表達自己的意見嗎？每次只要一表達意見，就會得到排山倒海的數落，「你們是他的家人，可是我也是他的妻子，不是嗎?!」這些話，她只能留在心底對自己說。

　　從前，當她覺得委屈的時候，還有大軍會保護她；可是現在，大軍躺在病床上了，她告訴自己要更勇敢，要為了大軍，努力堅持下去。

　　因為害怕會有突發狀況，所以小敏不敢走遠，經常就在醫院走廊的椅子上守到睡著了，有時候她會蹲在角落哭，有時候她也會蹲在同一個角落囫圇吞便當，她的人生只有希望和絕望，沒有中間地帶，她沒有辦法平靜，她只要想到一牆之隔的大軍正在跟上天搏命，她就會心痛到心慌。

　　在加護病房躺了一個月的大軍，終於可以把拿下來的腦殼再裝回去了。轉到普通病房的三個月後，家人決定讓他回家療養，再每天返院復健。

　　小敏聽說刺激神經可以幫助復健，於是她去學腳底按摩，只剩下五歲智商的大軍，會在痛的時候用腳踢她，她邊哭邊幫他按，她知道大軍是真的不認識她了，不然他絕對不會捨得這麼用力踹

她的。

　　她還學會了灌食、拍背、換尿布，就像照顧一個孩子，大軍常常會把尿布扯開，每隔兩、三個小時身上就會沾滿排泄物，於是床單、尿布都得重換，尤其是在半夜心神脆弱的時候，小敏好幾次抱著他情緒潰堤，跟他說你要乖乖的不要再扯尿布了，大軍會點頭說「好」，卻依然重複著同樣的行為。

　　復健之路是漫長而辛苦的，對病人跟家屬來說都是。從前，就像那些他們秀在臉書上的照片，總是大軍拉著她往前走；現在，換成小敏帶著大軍往前走。從前，他們三十公分的「最萌身高差」，看起來有一種喜劇的甜蜜感；現在，變成他們復健時會重心不穩，而經常彼此撞到瘀青的原因。

　　是的，大軍是真的忘記她了！一個曾經跟她走過那麼多人生路的人，完全不記得來時路了。於是，她告訴自己更要永遠幫他記得，她一次又一次地跟大軍說著他們從前的故事……雖然大軍從不曾離開，但小敏卻一直在等著他回來，她相信有朝一日也許他會再次想起，他們的從前與約定。

　　傷到腦部語言區的大軍不太會說話，經常一句話都要支支吾吾地說好久，才能說完，可是他竟然會唱歌，在復健時，小敏放了他從前最愛的歌，他竟然會跟著唱，醫生說應該是因為沒有傷

到掌管音樂的那個區塊。於是唱歌變成小敏訓練大軍語言表達的方法，每當大軍又努力開口唱歌的時候，都好像在跟她說：我會加油，妳不要放棄我。

大軍開始有一些進步，他可以自己拄著拐杖走一小段路，也開始會有一些很簡單的單字對話，那本大軍受傷前一直寫著的日記，小敏幫他接續寫，一不小心，就寫成了他們的醫療日記，裡面都是他們的辛苦和眼淚。那天，小敏又再幫他寫日記，大軍突然指著日記對她說：「投、投稿。」；小敏愣了一下，接著說：「你說拿這個去出書喔！哈，我沒那麼厲害啦！」她笑出來，讓她開心的，是老公好像真的有進步了！

在陸續請過的幾個看護，都因為大軍不容易照顧而離開之後，終於他們找到了一個比較穩定的外籍看護。從前沒有太多交集，就已經不喜歡小敏的家人們，現在更有理由覺得她不好，連才來一陣子的外籍看護，都看出來她在這個家庭裡的地位低落，所以很快就選邊站，在他們三個人住在一起的房間裡，成為一雙總是監視著她的眼睛。

小敏知道自己的狀況越來越不好，她經常會發抖，吃下去的東西很快就會吐出來，在上班的時候，會不由自主地流眼淚，每一天的口罩都是濕的。媽媽看她瘦到只剩下三十七公斤，硬拉她去看醫生，發現她已經有重度憂鬱症。

那天早上，她趁著看護去浴室刷牙洗臉的時候，對著大軍說：「老公，我絕對不可能拋下你不管，如果有一天我沒有來照顧你了，那一定就是我被逼走了，如果你好了的話，你一定一定要記得來找我喔。」

剛醒來的大軍，應該要神志模糊卻好像一下子就聽懂了，然後開始大哭說：「好，好走……對對……對……對不起，我找妳哦……」小敏緊緊抱著他，邊哄著他說不要哭，可是她自己的眼淚也止不住，明明是夫妻倆那麼貼近彼此的時刻，她卻那麼焦心，生怕被看護發現，又要去跟他的家人告狀。

那天，小敏在上班，她看見 LINE 裡面又傳來了一則他們家人的指責，想都不用想，就知道消息來源是來自於看護。忍無可忍的小敏，一下子就回傳了她的反擊：「我沒有做那樣的事情，如果不相信，你們可以調監視器的影片來看。還有，我真的受不了了，我今天不回去了。」她邊發抖邊打完那些字，那個家，她是真的沒有力量再回去了。

她沒有圖他們什麼，她這一路走到現在，真要圖什麼還輪得到他們防備嗎?!

她是大軍法定的妻子，法律只會保護她。你可以說那就是小敏的任性，她把那本他們用盡各種理由想跟她借來看的大軍的存

摺，還有印章，都交給他們。是的，那是他們本來的結婚基金，還有大軍的保險金，她可以爭取，但是她什麼都不要。

她在娘家住的第七天，就收到他們的通知，說家裡的鎖壞了，所以已經換新的了。小敏想看大軍，他們也不給她看。當時已經會接手機的大軍，也被阻攔。她做了他愛吃的點心，託大軍的好朋友帶去給他，他只要一看到就會知道她想他，沒有放棄他，東西最後送到了，但他們從此不讓那個朋友再去探望他。

小敏吃不下、睡不著，那是她第一次想到自殺，一個閨密日夜貼身地陪伴她，才慢慢將她從死神那端拉回來。

半年後，她接到大軍家人的電話，說因為疫情怕去醫院會感染，所以後來中斷了他的復健。從此大軍開始急速退步，最後甚至被醫生診斷為已經失能，目前只能用藥物控制他小腦萎縮的速度，避免繼續惡化。他們還問，小敏有可能再回去照顧他嗎？

她問過醫生，失能是不可逆的，她回去大軍會好起來嗎？

那些曾經那麼討厭她，阻絕所有她回去的路線的人，又為什麼要她再回去呢？

小敏跟他的家人們再次見面是在戶政事務所，那個當時他們

只花了一百五十元結婚的地方，可是他們今天是來離婚的。

她終於又見到大軍了，他真的退步了？還是正在生她的氣呢？為什麼坐在輪椅上的大軍全身蜷曲，頭部低垂，連抬頭都不願意看她呢？終於，兩個人交會了眼神，她熱淚盈眶，可是為什麼大軍的眼神卻那麼空洞呢？

大軍怪她，對不對？怪她當時連一個告別都沒有。

大軍恨她，對不對？恨她食言，當時說好的不離不棄呢？

他的家人故意站在中間，用身體把他們兩個人隔開，讓小敏連跟大軍再說上一句話的機會都沒有。辦好手續，就在他們要推他離開的時候，大軍突然開始掙扎、抽搐、大哭……

所以大軍還記得她，對不對？所以他也跟她一樣好捨不得，對不對？

大軍馬上就被推走了；可是小敏就在戶政事務所的門口，哭到站不起來，好久好久……

「角子，我直到現在都還沒有辦法原諒我自己，我想問您，我是不是做錯了？」小敏在 LINE 裡問我。

那是她後來又一個人在心痛煉獄裡的繼續漂流，她有時候很用力活，有時候很用力地責備自己。那是她心底永遠的一個缺角，那是她與他曾經的約定。那是她生命裡永遠的一個遺憾，她欠他一個告別，不管他是否願意原諒。

這世上有一種告別，不屬於生離，也不屬於死別，而是我無法走近你，你也走不出來。

這世上有一種愛，是從苦難中誕生，於是未曾嘗過那些苦難的我們，便沒有資格可以評斷。

這個故事裡的「約定」有許多：一場婚禮、一個自己的小家庭，小敏還在等，在等著他有一天會來找她。

至於她欠他的那場告別，她說：「親愛的老公，當時無法好好告別的，我就在這裡跟你告別，我會為你禱告，願你不受病痛的折磨，心裡有平安，直到生命的盡頭。」

我聽著，把它記下來，寫進這個故事，一起放在這本書裡。那是他當時希望她去投稿出書，她笑著說不可能……

這是我想幫她實現的約定。

Vol.7

真愛，是兩個人都要一起變得更好

「真愛，就應該努力克服一切，就應該要盡力對對方好。」
你在每一次傷心過後，都是這樣告訴自己的。

你無法回答自己的是，如果那真的是「真愛」，為什麼你會越努力越傷心？如果那是「真愛」，為什麼你在那份愛裡，會愛得越來越孤寂？

你們曾經有過甜蜜時光，你曾經在他的眼底看見過愛的感覺，如果那就是「真愛」，那些曾經擁有過快樂，也都自認見過愛的戀人們，為什麼大多數最後都還是會分開？

因為愛很偉大，但愛的初始也很脆弱。那些因為剎那的「喜歡」而成立的愛，就像苗圃裡脆弱的種子，需要一路挺過那些外在的風雨，才能長成「真愛」的大樹。

是不是，那就是你越愛越孤寂的原因？你們沒有為了要發展這份感情，於是一起抵禦外來的風雨。在這份感情裡，努力的人一直都只有你，而你極盡努力做到的，也只是把他留下來而已。

　　會不會，那就是你越努力越傷心的緣由？這份你以為應該逐漸茁壯的愛，卻經常因為他的不在乎，而讓你霎時發現，原來你們一直還在原點。

　　愛是「無私」，但愛的前身是「自私」，是彼此都想留住對方，好讓自己幸福的那份自私，驅使我們願意無私地去付出和爭取。所以在「無私」之前，要先懂得為自己「自私」，可以對對方好，然後一定要確定，對方也會對我們好。

　　別讓你的「無私」，只是滿足了他的「自私」，廉價的無私，是絕對不會被珍惜的。別以為只要為對方無怨無悔地付出，就可以感動他，如果他會捨不得你，就不會捨得只讓你一個人在付出。

　　並不是因為是「真愛」，所以就可以克服所有的難題；而是兩個人一起克服了那些問題，於是才成為了「真愛」。

　　所以，沒有誰生來就應該要照顧誰，更不必犧牲自己去成全對方。愛不是向「對方」證明，不是要向對方證明我有多愛你；而是我們要一起努力向「愛」證明，我們有多想要這份幸福。

也就是在那個一起攜手向愛證明的道路上，在那些生命更迭起伏的變化裡，快樂是因為有你，就算辛苦，也依然有你，那才是愛，那才是真正的真愛無敵。

　　曾經，你以為在愛情裡不問收穫地付出是一種成長，後來，你才發現那其實是一種淪陷；曾經，你以為只要讓對方快樂就是幸福，後來你才發現，那也可能是無盡的寂寞的開始。

　　「真愛，就應該努力克服一切，就應該要盡力對對方好。」你還是會繼續這麼相信。從前，你會用它來勉勵自己，可是現在你更會用它來驗證對方。從前，你覺得驗證真愛很難，現在你已經知道，驗證真愛的標準，就是這麼具體而簡單：

　　真愛，就是兩個人都要一起變得更好。

簡單，才是最好的緣分

不必迂迴地猜測，
也不用辛苦地等待，
就是那份想要在一起的簡單心意。

簡單地只屬於你，
簡單地只想跟你在一起。
簡單，才是最好的緣分。

複雜的人，會讓你越來越偏離愛的正軌。
真心想跟你走的人，一定會讓你知道他的心意。

你會離開複雜的路，
你會堅持自己的簡單。
直到遇見另一個簡單的人，
再好好守護，彼此珍貴的心意。

感動只是一時，陪伴才能一生

　　你一直記得他說過的那些話，你留在他的那些話裡，走不出來。

　　那不是幾句話而已，那是他曾經指給你看的未來；那不是感動而已，而是你們曾經靠得那麼緊密的證據。

　　於是，那幾句話，在他走後，成為你要與他再次相認的暗號，你還在等，在等他想起來，在幸福的道路上，你們曾經那麼有志一同；你還在等，在等他想起來，他曾經說過要帶你走去那樣的未來。

　　那幾句話，是感動，是一個幸福的想望，你不是只有想望而已，你是真的去過那裡。當他還在你身邊的時候，你把那個地方當成努力的目標，甚至到後來成為你開始吃苦的理由；當他離開，那個地方成為你的避風港，因為那裡的陳設是那份感情最好的時

候，你只有留在那裡才能忘記，後來那份愛開始走入的黑暗與傷痛。

那就是每一個帶著愛的暗號的傷心人，在時空中一個人孤獨地穿越。你在未來緬懷，在現實流淚；在未來勇敢，在現實絕望。你在那一次次的失而復得、又得而復失裡，把焦點完全放在那個未來，而忘記了自己到達的方式。

是的，只有夢境是可以瞬間到達；可是，幸福卻是要一步一步，才能走到的。那是他只用了簡短幾句，就勾勒給你的未來，可是他沒有陪你，他一步都沒有盡力，他完全沒有想要跟你一起走去那個將來。

那一直是你一個人的努力與等待，你不是現在才開始等，你是從以前就已經在等他。你沒有錯過，也不必遺憾，你已經給過他太多時間與機會，他不曾努力過，也不想追上來。你其實早就看見了，你只是不想承認，那個時間早就已經幫我們作了的認證：他不是做不到，他是從來都不想做到；他不是忘記，他是從來都未曾放進心底。

真正讓人感動的，並不是「那些話」，而是那顆想跟你一起前進的「心」；真正珍貴的，更不是那個美好的「結果」，而是兩個人一起積累的「過程」。

是那顆想讓你更好的企圖心，才有能力讓你幸福；是那些兩個人一起努力的過程，才讓最後的幸福，真的有了甜美的滋味。

　　別在他的一句話裡，就虛構了一個人生。你走進過那樣的迷宮，從他信手拈來就給你的感動出發，耗費了那麼多的時間和眼淚，才知道那是一場永遠沒有終點的迷走。

　　感動只是一時，陪伴才能一生。在接下來的路上，你還是會欣然收下那些感動，但你已經不會再衝動。你知道感動經常只是好的開始，還要真的用行動陪伴你的人，才能真的跟你一起走上幸福的路程。

走過了，你還是會快樂，還是會幸福

你哭過了，也想過了。
你不會後悔，你有你的學會。

你接受那個結果，
讓它到此為止。
不多作詮釋，更不會耽溺在傷心。
你會把那些曾經，都留在那個故事裡。

大多數的愛，都是走到幸福前的練習。
不是你做不好，幸福才消失。
而是會消失的，就不是真的幸福。

你會繼續大步向前。
他只是失去他，
走過了，你還是會快樂，還是會幸福。

帶著新的領悟和心情，
你很快就會開始新的旅行。
會有許多新的故事，
更值得去發生和探尋。

第三章

在告別之後，迎接更好的自己

告別，
是為了重新找到與愛的聯繫。
在每一場告別後，
迎接更好的自己。

你會坦然面對每一場告別

真正的告別，
並不是不再傷心，而是不再混亂。
還是會心痛，
但你已經知道自己該去的方向。
依然會懷念，
但你也已經明白，
那終究只是一場美好的回憶。

真正的告別，並不是心死，
而是看見自己當時的勇敢和無所畏懼。

你會坦然面對每一場告別。

讓告別，不是遺忘，
而是成長。
讓告別，並不是失去，
而是變成更好的自己。

不是所有的喜歡，都一定要擁有

　　一件不適合你的衣服，就算在櫥窗裡看起來再美，你也不會買。你很早就知道這個簡單的道理，硬要擁有一件不適合自己的東西，只會把自己的生活弄得更混亂而已。

　　可是你對他的執著卻不是那樣，你為了留住他，把自己搞得筋疲力竭。

　　當然，他不是一件衣服而已，對你來說，他遠遠珍貴過世界上其他的東西。所以，你才沒有像選擇一件衣服那樣決定得迅速灑脫。

　　也許，那就是「愛」跟世上其他的事物最不一樣的地方，愛的初始經常都是炫目而美好的，你的喜歡跟他的喜歡，都是千真萬確的。

然而，那也是「愛」最後還是跟萬事萬物都同樣的道理：不適合，就很難長久。你們開始會起爭執，從很快和好，到傷口後來越來越難癒合，你們的距離越來越遠，直到你終於從他陌生的眼神裡看見了，你已經不再是他最親的人。

　　每一次當你們又不歡而散，你沒有離開，你總是走進那些回憶裡坐下來，你還記得那個夜晚、還記得他笑著看你的樣子，那是你只想跟他一起仰望的星空、那是你願意跟他走一輩子的路……你又笑又淚地回想著，你真的好捨不得。

　　你最捨不得的，是你知道再繼續這樣下去，那這些所有的捨不得，到後來都會灰飛煙滅……

　　因為捨不得，所以才更要把它好好地收藏著。因為很珍惜，所以才更不要讓它後來變成傷心和怨恨。如果你們的溝通，已經開始變成互相傷害；如果你們的勉強，已經成為彼此人生的窒礙，那也許，讓這份愛停在這裡最好。

　　你試過，也努力過了，不適合，不是你們誰的錯。你不再勉強他，也不再勉強自己，因為那樣只會讓你們離當時的喜歡越來越遠。

　　跟欺騙無關，你知道他也跟你一樣曾經付出真心，曾經跟

你一起在那些快樂裡飛翔，於是，你也可以謝謝他曾經用心陪你走過一段；跟退縮無關，你們不是半途而廢，而是終於了解，我們都應該要在一份感情裡變得更好，那才是我們為愛努力的意義。

不是所有的喜歡，都一定要擁有，它也可以是一場美好的遭遇。

你會永遠留住這個停格，故事裡的你們，曾經是彼此最美麗的衣裳，那是你們在彼此心中最美的樣子。你還是喜歡他，也許再見他也還是會心動，但你已經可以分辨，那只是你已經走過的喜歡，而不是真的幸福。

下一次，你一定會比這次清楚，那究竟是你應該輕鬆走過的美麗櫥窗；還是另一個跟你一樣努力的人，值得你給他真正的幸福。

Vol.2

你不是只有告別他而已；
你還徹底告別了，那個執著的自己

你等過他，
你為他流過很多眼淚，
他如果真的在乎，
就不該讓你承受了那些，才回頭找你。
他真的不曾想過，你是如何走過來的，
否則他也不會表現得如此輕易。

他不是終於明白你的好，
他是太低估你當時的情義。
你不是傻，你是對愛真誠。
你不是濫情，
你是真的曾經深信那份愛可以走成幸福。

他可以輕易回頭，但你已經不再相信。
他想找的溫暖，想從你身上再找到的自信，

你不想給，也給不起。
你不再縱容他的隨興，
不再笑納他的悲喜。
他曾經是風，但現在是屁。

他不會懂的，快樂和殘忍，
都一樣可以刻骨銘心。
他不知道，你不是只有告別他而已，
你還徹底告別了，那個執著的自己。

永生樹

　　你看過那種「家族樹狀圖」嗎？就是會把整個家族的關係，用像樹枝展延的形態那樣畫出來，在那個像大樹的圖案裡，我們會看見一代跟一代之間的傳承；有時候還可以拿來對照，那些發生在家族裡的恩怨情仇。

　　從小，當媽媽又對文婷訴說自己的悲劇的時候，文婷的心底就會浮現出那張樹狀圖。

　　媽媽的悲劇始於那張圖的上兩層，從小媽媽的爺爺就不喜歡她，在那個爺爺當家作主的大家族裡，爺爺甚至會只發給其他的孫子零食，而不給媽媽，讓她看著別人吃。為了可以離家住校，媽媽十三歲就加入了學校的籃球隊，一路打到國手，用籃球隊發的零用金養活自己。長大後，她以為可以找到幸福，結果嫁給了一個沉迷於賭博的男人，最後，她一毛錢都沒有為自己爭取，只要求擁有文婷的監護權。

媽媽的怨念很深，像盤根錯節的樹根，從爺爺、父母到丈夫。每當文婷又聽媽媽在抱怨的時候，她就會提醒自己媽媽的辛苦，所以她從來沒有讓媽媽操過心。她的成績很好，一路從高中到碩士，念的都是第一志願，最後還申請到荷蘭的碩士入學；她不只成績好，教養也很好，師長們都很喜歡她，所以當他們發現她是一個單親家庭的小孩的時候，都會跟她說，一定要多體諒媽媽、聽媽媽的話。

文婷一直有，她不只聽媽媽的話而已，從三、四歲起，還要接住媽媽那些如落葉般，不斷墜落在她身上的情緒。「我對妳已經死心了！」「我算白疼妳、白愛妳了！」她現在已經想不起來，那時媽媽為什麼要生她的氣，可是她還記得當時那個只有三、四歲的女孩，在母親面前心慌的感覺，她不敢哭，因為媽媽比她哭得更慘，她只想努力滿足媽媽的期望，不然媽媽就不要她了。

可能是因為生活壓力，國中開始，媽媽的情緒起伏更大，開始會在家裡喝酒，喝醉後就會開始數落她。在媽媽眼底文婷的缺點那麼多，她會拿文婷的同學來跟她比較：×××長得比妳好看、比妳聰明、比妳孝順也比妳乖巧……文婷已經習慣接受她的嘲諷，因為酒醒後，媽媽將完全不會記得這一切，然後在恢復正常的時候，對外又繼續以這個表現優異的女兒為傲。

她沒有叛逆期，她在那個樹狀圖裡完全承接了母親的養分，

也承接了她的怨念，她失控過嗎？也曾經像那個年紀的孩子那樣頂過嘴嗎？她不敢，如果你也曾經目睹過情緒崩潰的媽媽在地上打滾哭鬧，最後竟然就像中風了一樣昏厥，就在文婷急著要打電話叫救護車的時候，媽媽突然又恢復正常，跟她說不用打電話了……文婷在那剎那發覺，媽媽其實更像她的女兒，那些像小孩的哭鬧，是為了取得文婷的注意和滿足需求。只是媽媽忘記了，當時的文婷，才十幾歲而已，這樣的情緒颶風，會不會影響她的生長？

在成長的過程中，在那棵家族的大樹裡，文婷接受媽媽的庇蔭，也接受媽媽的排擠。她想過媽媽的心情，也許是因為從小就在大家族裡被排擠，所以媽媽很害怕被瞧不起。這個表現優異的女兒，一方面是她的驕傲；另一方面她也會害怕，學霸女兒會瞧不起只有高中學歷的媽媽？於是她會在生活裡打壓文婷，甚至懷疑文婷會排擠她。印象很深的一次是她們去美國，在過美國海關的時候，因為媽媽的語言不通，於是文婷跟海關如實說明，她們是一起來美國開會，媽媽白天會去參加會議，她則會待在旅館或到處走走，結果後來她們被叫去小房間等了一個半小時才放行，媽媽一直怪她，說都是因為文婷打從心底想排擠她，才會說她們會有各自的行程，而不是說她們是「一起」的。

那就是媽媽的耽溺和執著，她耽溺在自己從小到大所承受的痛苦裡，執著於那些人曾經對她的傷害，媽媽重複訴說著那些故

事，那就是那張樹狀圖裡的恩怨情仇，而文婷也是那張圖裡的一部分，她很想離開那棵樹，她是最末端那根細弱的樹枝，渴望另一根可以讓她倚靠的枝幹。

李偉就是她生命中終於出現的那根枝幹。

他們都是研究所的學生，從一開始會在研究室遇見，到後來開始有更深入的聊天，文婷開始跟他聊起從母親那裡承接的痛苦，他成為這世上唯一承接她的秘密的樹洞，李偉不只安慰她，還承諾會帶她掙脫那棵大樹的陰霾，帶她去另外一片生命的藍天。

李偉成為文婷新生的希望，而且非他不可。所以，即便文婷後來發現了李偉的霸道，她也從來沒有想過要離開他。李偉跟她一樣都是學霸，可是比起個性低調的文婷，李偉是家裡的天之驕子，在父母的寵愛下，養成他自恃甚高而且暴躁的脾氣，只要事情稍不順心，就會對身邊的人大發雷霆。

李偉的父母都是教授，在他們眼中，這世上應該很少有女生匹配得上自己的兒子，他的前任女友就因為只有私立大學的學歷，被他的父母瞧不起；他們對文婷也有意見，認為一個媽媽在賣保險的單親家庭，跟他們家的背景實在差異太大。

李偉的博士學位念得並不順利，這讓一直是人生勝利組的他，挫折感很重。然而他的解決方式並不是更努力，而是逃避，他的憤世嫉俗跟好高騖遠的傾向，越來越明顯。比起文婷總是很清楚自己的研究路線，又很快地申請到荷蘭的另一個碩士入學，李偉對她的意見越來越多，文婷發現原來李偉一直在跟她比較，他嫉妒文婷的學業順利，甚至開始會在言語上奚落她。

　　當文婷到荷蘭念書後，他們變成遠距離戀人。李偉開始會在約好的視訊通話時間大遲到或者臨時爽約，一開始他還會道歉，後來變成會責怪文婷反應過度，覺得她根本不必這麼生氣。他明明知道，因為兩地的時差，文婷為了這個通話，要把所有的事情都排開；他明明知道，人在異鄉的文婷這麼想念他……不知從何開始，那個曾經說過要守護她，深知她的痛點與弱點的人，竟然也開始掐住了她的弱點，他知道文婷已經習慣依賴他，更明白那對文婷來說並不陌生，在一份強勢的關係中退讓與妥協，是她從小到大最習慣的 SOP。

　　「都是妳的錯！」「都是妳先讓我生氣，我才會……」這些句型開始成為這份關係裡的常用句，文婷有時候會反抗，但她很快就會開始檢討自己，是不是，真的就是自己的錯呢？如果不是，那為什麼她這一生重要的人，都要責怪她呢？

　　她想過也許結婚是一個不錯的方式，就像完成學位那樣，先

確立了一個兩個人要在一起的目標，目標確定以後，所有的問題，都是可以努力解決的。所以當李偉跟她提出結婚的時候，她馬上就答應了。

婚後的他們依然分隔兩地，各自為自己的論文而努力。後來，李偉決定到荷蘭住三個月，也轉換一下心情。可能是因為對環境適應不良，他有很多本來預計要做的工作都沒有做。他整天打遊戲、看影片，最後把進度落後的問題都怪罪給文婷，還騙學校教授是因為太太生病了，需要他照顧。那天，他們起了爭執，暴跳如雷的李偉開始吼她，然後掐住她的喉嚨，接著又怒不可抑地抓她的頭去撞牆，最後把她壓在椅子上，用膝蓋撞裂了她的肋骨⋯⋯

事後，李偉非但沒有悔意，相反地，還要她「認錯、道歉」；他媽媽打電話來給文婷，沒有問文婷的傷，劈口就說：「妳不要把事情想得太嚴重。」「我兒子會打妳，一定是因為妳做了什麼逼他的，妳到底對他做了什麼？」文婷沒有辯駁，對於一個早就迷失自我的人，比起說服別人，說服自己會比較容易。她告訴自己，也許真的是因為她太任性了，所以先生才會受不了打她。

一個多月後，文婷跟李偉一起回來台灣的夫家過年。那不是真的團圓，那是他們一家人排擠她，在背後說她的壞話。在不小心讓文婷聽見了幾次之後，李偉索性不再遮掩，直接就在家人面

前指責她，最後甚至在除夕那天把她趕出去，說不想看見她在他們家過年。

那年的過年，文婷是在台中的朋友家過的。她覺得自己一定是瘋了！那個年，她竟然都用來寫悔過書，在她不斷地求情下，李偉和爸媽最後才以「觀察後再決定」的回覆「勉強原諒」了她。

被「勉強原諒」的文婷，回到荷蘭繼續養傷，肋骨的傷讓她痛了好幾個月，卻痛不醒執著的她。那年暑假她又回來台灣，在老公當助教的學校附近租了一間小套房，希望能修補他們之間的感情。她越來越聽他的話，卻只是換來他的更不珍惜。每次兩個人之間的不開心，都是文婷去討好、去求饒，直到，李偉再度對她動手的那一天……

那天，在李偉工作的實驗室裡，他們又起了爭執，他出拳揮向她的臉，接著又打她的脖子，滿嘴是血的文婷，連滾帶爬地逃出實驗室，被兩個剛好經過的學長發現，送去醫院。

那不是可惡的一時興起，那是他情斷義絕的鄙視，李偉那一拳，擊碎了文婷的心，更讓她清醒了。

文婷在醫院裡哭著對來陪她的朋友說：「我這次一定要離開他。」她們二話不說地幫她分頭去進行：有人馬上去把李偉留在

文婷租屋處的東西，全部搬回他的實驗室；有人負責陪伴文婷，在她又慣性想幫他開脫的時候制止她，提醒她過往的那些委屈求全，最終都只會被更卑微地對待；最後她們陪著她，去法院對李偉提出傷害跟離婚的告訴。

就在李偉毆打文婷的那個晚上，他回去她的租屋處，他一樣沒有悔意，一樣要她反省，說就是因為她的原生家庭很差勁，所以她一輩子都不會懂得怎麼愛人。在李偉離開前，他恐嚇文婷，如果她不知自我檢討，這將會是她最後一次見到他。

那真的是文婷最後一次見到李偉，跟他無關，這次，完全是文婷自己的決定。她不再回應他憤怒的訊息，不想再見到他。

那是她曾經想依附的枝幹，那是她曾經渴望過的一片藍天，她以為自己終於可以重獲新生，沒想到卻是徹底心死。

離婚後，文婷又回去荷蘭，繼續學業和休養生息；這一頭，那個經常給她情緒壓力的媽媽，依然跟從前一樣。

只是，媽媽的壓力開始不是因為上一代，而是因為文婷而承受。在法院判決離婚後，不肯善罷甘休的李偉，還陸續對文婷提出了一些奇怪的告訴，連他留在文婷租屋處，當時花了兩千元買的家具，都可以拿來當成控告文婷侵占的罪名。於是，媽媽就經

常要替文婷出庭，有一次甚至還在法院外面被李偉當面恐嚇。

　　那是一個母親為了女兒奔走，也是一個母親為了女兒奮鬥的過程。在那個過程裡，文婷看見了媽媽的恐懼跟勇敢，憤怒跟擔憂，那不再是隔代的陳年舊事，那也是文婷的故事，有好幾次，她們就在視訊電話裡一起掉眼淚，然後互相打氣，再一起繼續努力。

　　那是當時那個三、四歲的女孩，在二十幾年後的突然理解，在媽媽那個脆弱的年紀，在媽媽也想藉著婚姻去脫離不幸福，最後卻失敗的時候，她們的際遇是如此相同，那是她們母女隔代的異身同命，可是媽媽真的比她勇敢，當時的她不只孑然一身，還堅持要帶著女兒；而現在的文婷，再苦，都還有媽媽可以陪她。

　　於是她也可以試著同理，就像她後來也曾經如此地不喜歡在那個婚姻裡的自己，可是，她也還是無法控制地沉淪下去；是不是那也就像當時的媽媽，在人生的無可奈何裡，她知道這樣是不好的，可是也還是無法控制自己地，只能繼續把情緒轉嫁給自己的女兒。

　　她在這段過程裡，逐漸看見自己，在同一刻，也再次看見了當時的母親。她當時會埋怨媽媽忘記了，她其實還只是一個小孩而已；可是她現在又多看見了，她自己也忘記了，當時的媽媽，

其實也只是一個普通人，在她的人生困境裡，當然也可以脆弱，也可以犯錯。

如果她後來也走過同樣的路，那她便可以試著理解媽媽的傷；如果在二十年後，她竟然也跟媽媽有了相同的際遇，那她起碼可以努力試著，跟後來的媽媽不再一樣。

曾經，她們都把自己的不幸與悲苦，都歸咎於上一代；曾經，她們都認為脫離不幸的方式，就是找到另一個可以解救自己的依靠。

現在，文婷已經可以接受，所有的那些發生，都是既成的事實，再多的歸咎與怨懟，都於事無補。她當時忘記，現在終於想起來了！其實後來的她也長大了，長大到足以用各種工具與方式來幫助自己，她可以不要隨那些別人賦予的命運擺布，她可以靠自己！而她要解救自己真正的方式，並不是去怪罪她的父母，而是去成為一個自己的父母，好好地修護自己內在的那個小孩。

當文婷開始這麼思考以後，她跟母親的關係也開始慢慢變好，也會在偶爾聊到從前的往事的時候，聽見媽媽耍賴地說：「是喔！我從前真的這樣啊？」文婷沒有說什麼，她知道那就是媽媽覺得有點抱歉的意思，但那真的不是重點了，重點是，她們都正在慢慢變好。她們母女，終於一起在人生裡，都各自慢慢變好了。

文婷再也沒有想要「依靠」誰，她已經明白幸福不是用依靠出來的，期待別人解救的關係，只會把原本的問題，再繼續帶進那份新的關係裡；幸福是先把自己放好、放穩了，再去找另外一個穩定的人，彼此互相依靠。

　　兩年後，就是在這樣的心態下，她遇見了大她七歲的荷蘭人馬汀。

　　馬汀很成熟，他是一個很早就把自己放穩、放好的人，他對文婷從來不貼標籤，不會給她氾濫的同情，而是會理性地告訴她：「是因為妳走過了那些遭遇，成為了現在的妳，我們才會彼此吸引的。」

　　在文婷後來又念的第二個碩士論文遭遇瓶頸，不斷自責自己進度太慢的時候，馬汀會跟她說：「別著急，事情該花多久就會花多久時間，如果覺得自己太慢了，就要試著接受這件事對妳來說，就是要花這麼久的時間。」馬汀給她的建議總是溫柔而睿智，所以他們總是有聊不完的話題。

　　馬汀對她的愛，也是同樣地樸實而溫暖，當文婷很忙的時候，他會默默地把原本該輪到她做的家事做好，而且從來不會特別說出來，只是默默地照應著她。在他的世界裡，伴侶沒有幼稚的比較，只有相互的支持，文婷可以不用擔心對方會嫉妒，可以努力

去追求自己的目標，那是文婷在馬汀身上看見的：真正有自信的男人，是不會藉由贏過女性伴侶來維護自己脆弱的尊嚴的。

二十九歲那年，文婷完成了她的第二次婚禮。

第一次，她二十五歲，他們沒有任何儀式，也沒有戒指，只有雙方家長跟幾個重要的家人一起吃飯，在那頓不到兩個小時的飯局裡，感受雙方家長在言語上的不斷較勁。

這一次，是兩個家族都一起動起來的大事，他們在荷蘭的朋友，幫他們做全程的視訊轉播，讓因為疫情嚴峻而無法到荷蘭的台灣親友，都可以即時觀看他們的婚禮。從文婷在家裡的化妝開始，到最後在荷蘭有幾百年歷史的市政廳舉行結婚儀式，全程都有台灣的親友在線上給他們祝福，讓她覺得一點都不孤單。

這次的婚禮，一樣沒有戒指，可是卻有了更具紀念意義的東西，那是他們的法國藝術家朋友，為他們量身設計的手環。

傍晚時分，他們的婚禮派對就在馬汀爸媽家的一樓和院子舉行，許多當地的親友們都來參加，吃素的新郎和新娘，準備了好多好吃的素食給大家吃，馬汀還特地買了一組新的卡拉 OK 讓大家唱歌跳舞，馬汀對著視訊鏡頭裡正在看著他們的媽媽說：「媽媽，等我們可以回去台灣，我要在台北再辦一個派對，邀請大家

來玩！」

半年後，卻是媽媽先來荷蘭了，還帶著媽媽的丈夫，那也是媽媽後來的幸福。

文婷邀請馬汀的爸媽到家裡來，做了最拿手的素食和燉飯，招待雙方的父母，大家都聊得很開心。

那天，文婷跟馬汀在附近的公園散步，她指著路旁枯掉的一棵灌木說：「好可惜，這棵植物死掉了！」馬汀卻突然蹲下來，指著裡面一個小小的褐色新芽對她說：「它沒有死掉，它只是比較慢，每個生物都有它自己的時間。」

文婷邊走邊笑，那不只是馬汀睿智的話語，那也是她終於走過的故事，那是她曾經拚命想脫離的一棵樹系，卻在最後了解了：真正的告別，並不是「斷絕」，因為血脈是無法真正斷絕的；真正的告別，是「和解」。而真正需要和解的，從來都不是別人，而是自己。

文婷突然被觸動了，一下子想起好多好多……她彷彿又看見了那張樹狀圖。

你看過那種「家族樹狀圖」嗎？每個人都一定存在於那樣的

一張圖裡，那棵樹會持續繁衍，沒有人可以脫離，沒有人可以真的逃避。在那棵樹的圖案裡，我們會看見代代間的傳承；還有那些發生在家族裡的恩怨情仇，有的人，終其一生困在那樣的恩怨情仇裡……

也有的人，告別了那個傷痛的昨日，迎向自己的藍天，從此晴空萬里。

照片提供｜荷蘭工程師與貓莓

Vol.3

沒有不能失去的人，
只有不能丟掉的自己

　　我拉開老家的書桌抽屜，看見那本上鎖的日記本，我打開它，一下子就撞見那個驚心動魄的句子。

　　「我再也不可能會愛上別人了！」那個句子在紙上被水漬暈開，那是我的絕望，是我在當年書寫時的淚如雨下。那不是我想像過的場景，幾十年後會有一個人打開這本日記簿，那個人是我，而我不但沒有傷心，竟然還忍不住笑出來……

　　事實是，後來，我還是又愛上別人了。

　　事實是，如果可以，我還想免去那場傷心，免去我在寫下這個句子後繼續為難自己的那段日子。

　　最痛苦的，並不是分開，而是後來還必須一個人，走過那段傷心。

因為我們經常不是只有傷心而已，我們還會找自己麻煩，覺得一定是自己不夠好，對方才會不要我們。那個瀟灑離開的人，總是把理由說得那麼輕易，不知道他信手拈來的那幾句話，就像手榴彈一樣，會炸碎那個捨不得走的人的心，還有自信。

　　他批評你的那些缺點，都是你很難改變的，可能是你的外表、個性，甚至是你很努力卻還是被他否定的事，於是你啞口無言，一敗塗地。

　　你忘記驕傲的，是你做到的，是你從頭到尾對那份愛的包容和堅定，你同樣也看見了他的缺點，可是你沒有離開，你從頭到尾專一地投入這份感情，就算寂寞傷心，也沒有輕易放棄。

　　你可以努力忘記，那些他曾經對你說過的愛；也可以試著接受，他後來不再喜歡你——你沒有怪他的信口開河和毀棄承諾，因為你知道那也許就是愛經常會發生的力有未逮，他不是存心想欺騙你，他是後來才發現自己做不到。

　　對於那個不知道檢討自己，臨走還批評了你的人，如果那是他做不到的寬容，那起碼你要懂得放過自己。他批評的，是那個他當時選擇說愛的你；他鄙視的，是那個從開始到現在都同樣的你。

是他認錯人，錯的人是他，而不是你。一個覺得你是錯的人，也絕對不會是你人生對的選擇。

這不是一本只有記載一次傷心的日記，在追尋幸福的路上，我們經常也不會只有心碎一次而已。那本你在心底寫著的傷心日記，你又是寫到第幾頁，才在那些評論裡突然想清楚了：那些不能給你幸福的人，都是失格的裁判，給的都是最不負責的評論。一個不能給你幸福的人，你又何必再讓他用任何形式，繼續擋在你前進的路上？！

我們在感情路上真正要做到的，並不是去符合所有人的喜歡，而是要去找到那個懂得欣賞我們的好的人。

沒有不能失去的人，只有不能丟掉的自己。會失去的，都是不能給你幸福的人；只有保有最真實的自己，才能讓那個懂得你的好的人發現。

你會為了那場相遇而發出更強大的光，會讓你真正發光的原因，並不是去迎合別人的需求，而是去成為那個你真正想成為的自己。

終於，我闔上了那本日記，那是幾十年後我的再一次走過，也許那才是那些傷心後來真正的結局，於是我終於忍不住笑出

來……

　　原來那些傷心都只是我們在找到幸福之前，必經的煙塵；原來最後會讓我們幸福的，絕對不是那個離開的人，而是從來沒有放棄前進的自己。

Vol.4

跟自己，好聚好散

我們真正應該努力的「好聚好散」，
並不是跟那個再與你無關的人，
而是跟自己。

你會跟從前那個執著的自己，好散。
告訴他最美好的堅持，已經走過。
你會跟那個勇敢的自己，再次相聚。
告訴自己，真正的勇敢，並不是強求過去，
而是迎向未來。

不回頭的人，你也不送，
對方不覺得可惜的感情，你也不必再單方珍惜。
真摯的祝福，你給不起，
你只祝福那個留下來的自己。

你一定會跟自己，好聚好散。
跟傷心告別，
出發去跟真正的幸福相遇。

Vol.5

告別，不是終點，
而是找到自己的開始

　　這世上的告別有「生離」和「死別」，大多數的告別，都不是心甘情願的。

　　所以，我們才會在那場「生離」的告別路上，還幻想著那份愛可以復生，那個已經轉身離開的人，會像突然像想起遺落了一個重要的物品那樣，回過頭來找我們。

　　所以，剛經歷生命最艱難的「死別」的你，才會看著身邊經過的那些快樂的路人們，邊羨慕邊想著：「為什麼會發生在我身上?! 為什麼我不能像他們一樣，擁有這種平凡的快樂?!」

　　不管是哪一種告別，傷心的我們，失去的經常不只是那份感情或那個人，我們還失去自己。

　　那是你後來對愛的不再相信，你無法接受那個曾經跟你緊密

相連的人，真的會從此跟你再也沒有任何關係；那是你後來對愛的保持距離，那個永遠消失在這個世界的人，成為你終生無法再填入的空白。

告別好傷，因為它是真心「愛」過的結果；告別很痛，因為它是被「愛」劃破的傷痕。

你試過許多治療那道傷痕的方法：遺忘、自責、怨恨或憤怒，你發現它們也許可以讓你平復一時，卻無法真正治好那場傷心。你的努力，並非徒勞無功，也可能，是我們本來就必須走過那些交錯而過的情緒，在經過那些磕絆顛簸後，才能真正體會到，原來能夠真正治癒愛的，也只有「愛」。

那是你在那場「生離」的告別後，從執著地愛別人，到終於開始練習好好愛自己；那是我們後來終於從那場心碎的「死別」發現，原來那場愛從來都不會真的消失，而是內化成另一種形式，永遠活在我們接下來的生命裡。

「生離」並不是失敗，每場生離都一定有它會發生的原因，生離更不是阻礙，而是讓我們更清楚自己應該前往的方向；「死別」不是幻滅，每場「死別」都是我們對愛的再一次深訪，讓我們在一次又一次的懷念裡，完成我們與那個心愛至死不渝的連結。

別急著逼自己走出來，每場告別都有它需要的時間。越深刻的，就越需要時間去好好告別，給自己更多的時間去發現，那一場愛的本質；給那份愛更多的時間，去轉換成生命的養分。

　　你珍惜每一場相遇，也尊重每一場告別。從前，你以為所有的可能都只會發生在相遇，後來你才發現，一場深刻的告別，卻經常會帶給我們更多的可能。

　　你會平靜地走完這場告別，讓告別，不是失去，而是更多的理解；讓告別，不是終點，而是找到自己的開始。

愛 的 協 奏 曲

我牽著妮妮到住家附近的公園散步,明月、星星、涼風、綠樹在我眼前各自展開,卻又和諧地交融在一起,像一首秋的協奏曲。

妮妮的步伐雀躍,這是全天裡她最愛的時光,我努力保持身體正直卻還是步履蹣跚。不知從何時開始,「閃到腰」已經成為我每隔幾個月就會發生的循環,然後我突然就想起來,我人生中的第一次閃到腰,應該是差不多二十年前吧……

妮妮,那天把拔也帶著一隻狗,他是妳的第一個哥哥,叫做來福。

那個時候來福已經十五歲了,他生病了,在那個狗得了癌症就只能慢慢衰竭的年代,我不敢把他放在家裡,我每天帶他去唱片公司上班。那天我一起床,發現自己突然不能走路了,可是那

天要拍音樂錄影帶，我絕對不能臨時請假，於是我抱著來福，幾乎是走走爬爬地終於到了地下室開車。那天在片廠，我只要一有空檔就會去車上看他，來福一直在昏睡。

那陣子我一直帶著妳大哥，是因為我很害怕他會在家裡孤單地死掉。他六歲左右來我家，陪了我剛上台北工作的前九年，那是我最窮，也最忙著工作的年代。他陪著我吃苦，經常得在家裡等我一整天，我真的就是那樣完全地投入工作，常常一大早就出門拍片，忙到半夜才回來。在那個我很想成為暢銷作家的年代，如果還想寫稿，就必須在更早的清晨起床，或者要熬更晚的夜，小來福永遠都會靠在我的腳邊陪我寫稿，親愛的妮妮，他真的是妳很棒的大哥。

那天，一直昏睡的來福突然在廚房的窩裡發出一聲好久不曾發出的聲音，我衝去廚房，抱起他，然後看著他在我面前吐出最後的一口氣，我打電話回老家，一聽見媽媽的聲音就開始大哭，那是我生命裡第一次失去我的心肝，直到後來的好久，我都還是改不掉那個多年來早餐要留下一口麵包的習慣，直到拿起麵包，才發現我的小來福已經不在了，我再也不必把那口麵包往廚房裡丟，不用再把他騙進去，才能趁機溜出門上班了。

妮妮，那是把拔第一次跟菩薩許願吃素一個月，希望祂可以帶來福去更好的地方，我真的如期做到，然後在接下來的兩年裡，

不敢再養狗，不敢再把自己的感情，依附給愛。

　　好像也是一個秋天的夜晚，我下樓去買麵包，看見麵包店旁新開了一間寵物店，好多孩子們圍在櫥窗外看狗，我經過，眼神突然跟一隻小馬爾濟斯對上了，在那剎那間我竟然有一種觸電的感覺。我走進狗店，跟老闆說：「我可以看看他嗎？」「這隻是我們家自己的狗生的，已經六個月了，本來是想自己留著養的。」老闆邊打開籠子邊說。

　　妮妮，他就是妳的二哥哥噹噹，妳認識他的時候，他已經十七歲了，可是把拔看見他的時候，他是全世界最可愛的狗。

　　噹噹才一走出籠子就抬腿尿尿了，後來我才知道這樣的狗就是很會亂尿尿的狗。好啦！我承認我其實也從來沒有嚴格要求過他，我好像是帶著對來福的遺憾在照顧他，那時候我的經濟環境比較好了，上、下班的時間也比較自由，剛搬的新家旁邊就有一個大公園，我早晚都會帶他去散步。我好像把他寵上了天，也可能是什麼人就會養什麼樣的狗，都很任性的我們，彼此惺惺相惜地一起生活著。

　　妮妮，比起妳不愛叫，跟逆來順受的乖巧，妳二哥真的零分。他是那種只要吃東西不分給他吃，就會叫到整桌人都一起不要吃的土匪；他真的超會尿，去哪裡都要做記號，像我們今天走的

路線，妳至多只會尿四泡，二哥是每隔一公尺就要做記號，我不知道那是偏執還是責任感，他就是一定要貫徹始終；我最氣的是他很愛自慰的習慣，當我第一次回家打開大門，發現門口的地墊上像剛剛殺了一隻雞那樣染滿了血，真的嚇死了！我把興高采烈來迎接我的他抱起來，拚命想找出他身上的傷口，卻怎麼都找不到……最後是獸醫幫我破的案，原來是已經縮回去的小公雞被摩擦得太激烈，都破皮流血了。

在我擁有喵喵的第四年，我遇見了我的幸福，對方養了兩隻貴賓狗，他們就是妳的三哥 GUCCI 和四哥歐米茄，是的，他們都是名牌的名字，那是我們曾經最快樂的「三狗人生」。

在那個人跟狗都很年輕的年紀，我們一家人一起去爬了好多山，去了好多地方玩。我特別想跟妳說的是四哥哥歐米茄，你們很像，當我第一眼看見妳的時候，彷彿又再一次看見歐米茄那個清澈與相信的眼神。你們的命運很像，都是在原本的主人家被忽略的那隻狗，歐米茄的前主人已經養了一隻紅貴賓，他們覺得後來的歐米茄太黏人，會影響到原本的狗的情緒，我的朋友原本是要幫他的姊姊找一隻母的黑貴賓，後來也的確找到了，可是他一直忘不了見過的歐米茄，那隻原本一個人靜靜地窩在角落，看見他來就拚命靠著他、用頭磨蹭著他的「拖把狗」——當時妳四哥的毛真的就像拖把那樣全部打結，他想了那個可憐的孩子一個晚上，第二天就去把他帶回家了。

「媽媽，這隻狗狗好漂亮啊！」公園裡有個小孩突然指著妮妮說。

「謝謝。」我總是驕傲地回應一切對妳的讚美，妳真的很漂亮，我覺得妳跟四哥後來變得好看，是因為心情，是因為你們都很喜歡這個新家，於是原本的拖把狗，在重新長出新毛後，變成一個可愛的男孩；於是原本被妳媽媽嫌大耳朵、眼角下垂的妳，後來也變成了一個大眼睛的甜美女孩。「真是女大十八變啊！」當我聽見妳之前的媽媽這麼說的時候，真是覺得好虛榮啊！

妳跟四哥都是聽得懂讚美的孩子，比起噹噹的任性、GUCCI的自我，你們都是完全以主人的情緒為情緒的狗，我們開心，你們就跟著高興；我們吵架，你們在旁邊看著，完全不敢去做自己的事情；更多時候那些生活裡的靜默，你們就是安靜地陪著，偶爾舔舔我們的手或腳，告訴我們，你們一直就在我們的身邊。

妳跟四哥都是善解人意，更是善解狗意的小孩，四哥雖然體型是最大隻的，可是他都會讓二哥跟三哥，他只有坐車的時候，會堅持要跟我一起待在副駕駛座，那是因為二哥、三哥更喜歡躺在後面睡覺。歐米茄就是那種會參與我們的全程的孩子，從興高采烈地從樓上衝到樓下迎接我，到爬山會先衝到前面的轉角停下來等我們；妮妮，當我第一次帶妳出門，發現妳竟然也會在樓梯的轉角等我，我真的會以為，那是四哥哥教妳的。

那是妳無緣相見的四哥哥，我們一直以為會陪我們最久、最年輕的歐米茄，在八歲的某個早晨，突然在從公園回家的路上癲癇、然後昏厥，我們前後送去了三間醫院，從一開始懷疑食物中毒到最後終於確定是腎臟衰竭。

　　妮妮，那是把拔第二次為自己的孩子吃素，我沒有因為送走過來福而稍微習慣，我甚至更傷心，因為歐米茄還那麼年輕，他那麼乖、那麼不想離開我們。他是我們剛交往的時候養的狗，陪我們走過那八年來的一切，歐米茄就像是我們在這份感情裡親生的孩子，可是就算再愛、再不捨，我們也只能眼睜睜地看著原本壯碩的他日漸枯萎。

　　剛出院那陣子，我們因為早就排定了日本的旅行，於是將歐米茄託給朋友的姊姊照顧，才剛到日本的第一天晚上，我們一前一後地走在大型賣場裡，我突然大喊前面的朋友，因為我覺得自己快昏倒了！朋友攙扶我回飯店，我本來以為是中風，因為臉都麻了，後來我才知道是因為那陣子情緒焦慮、吃不下東西，又感冒的結果。

　　妮妮，我真的就是一個這麼神經質的把拔，那趟旅行，我後來完全想不起來去了哪裡或吃了什麼，每天就只等著下午五點半要跟歐米茄的視訊。

出院後，歐米茄每天都要打一包生理食鹽水，幫他代謝掉體內的毒素，一個那麼想當乖孩子的孩子，幾個月下來，也開始會在打針的時候躲我們，有好幾次，突然就躺在地上傷心的大哭，我們知道他很痛苦。我還記得有一次我們回台中老家探親，在回台北的高速公路上遇見塞車，躺在我懷裡的他，身體會偶爾抽搐一下，那就是他體內的鉀離子又開始不平衡了，他必須盡快打食鹽水，不然他可能會突發性痙攣，我抱著他，像抱著一顆炸彈，心裡不斷地禱告著，讓我們快點到家。

　　後來，從來不會在家裡尿尿的他，開始會尿失禁，把自己搞得一身，我們從來不曾怪他，可是我們知道他很抱歉，我們努力裝作沒事，直到他躺在地上哀號的機率越來越高……

　　妮妮，後來是我們決定讓四哥哥提早走的，也許他還可以再拖一、兩個月，那意味著他就必須再痛苦更久的時間。那天傍晚，我提早到醫院等他們，我走進醫院，才開口跟醫生說「我是那個上午打電話來說想做……」話都還沒說完，就忍不住先哭出來；那個時間歐米茄正在家裡享用他的最後一頓好吃的晚餐，已經很久只能吃難吃的腎臟病飼料的他，體重從四公斤半瘦到兩公斤半，朋友把所有冰箱裡好吃的都給他吃，起司條、雞肉乾、牛肉，然後再也不用擔心，吃完這些東西的他會像一個炸彈那樣爆炸。

　　歐米茄走的時候，他的眼神很害怕，那是他後來每次到醫院

的眼神，他不再相信我們，不再相信把拔可以幫他解決任何問題；但即便如此，我知道他還是如此深愛著我們。

　　我會永遠記得的，並不是他後來乾涸失去靈魂的眼，而是他要走的前一天晚上，我睡不好，半夜起來上廁所，我沒有開燈，怕吵到他們，然後我就在黑暗中看見我最親愛的歐米茄，自己都病得只剩下半條命了，還爬起來陪我，他靠著我，他沒有忘記，那是他的責任，然後我摸摸他的頭，親親他的臉，我想永遠記住他這樣可愛的臉；一如我希望他也可以永遠記得我此刻這麼愛他的樣子。

　　親愛的妮妮，妳相信靈魂嗎？還是就像有些人說的，狗是可以看見靈魂的。在歐米茄走後的幾天，我接到了一個會通靈的朋友的電話，他跟我說歐米茄還沒有走，我問他為什麼？「你們每天哭成這樣，他要怎麼走？！」朋友回答我。於是，我就開始努力不哭了，就在那個晚上，我真的夢見歐米茄，我看見他站在房間的角落，用他那個清澈而相信的眼神看著我，我知道，他在跟我說：「把拔，我要走了⋯⋯」

　　妮妮，這就是妳的大哥跟四哥的故事。至於妳的二哥噹噹、三哥GUCCI，他們對這個家的感覺、記得的那些故事，也許他們自己都告訴過妳，也許他們感受的比我還多，我希望他們跟妳說的，都是他們在大多數的狗生裡，我們一起快樂生活的時光；

我甚至希望他們在最後那段生病的時光裡，在最後要離開的時刻，都還知道，這個世界有人一直深愛著他們，而且，終其一生都會將他們放在心底。

「對啊！她很親狗，尤其是紅貴賓，因為她小時候曾經跟一隻紅貴賓住在一起，她很喜歡那隻紅貴賓。」妮妮，每當我又在公園對著養紅貴賓的主人這麼說，妳一定知道我在說的就是妳三哥 GUCCI，我跟妳一樣想他，他的自我，其實就是「懂事」，他就是一個這麼不喜歡麻煩人的孩子，給他飼料他馬上就吃，帶他出去尿尿，一放到地上就馬上尿。可是他絕對是疼妳的哥哥，妳一來他就幾乎把所有的東西都先讓給妳，讓妳知道，原來這個世界是可以以妳為中心的。

「他好可愛啊！我從前也養過一隻馬爾濟斯，養到去年，十七歲走的！」妮妮，妳一定也經常聽到把拔對公園裡有馬爾濟斯的主人這麼說，其實我沒說完，其實把拔心裡真正想說的是：「我們噹噹才是最可愛的！」是真的，你看過眼睛比鼻子還大、還圓的馬爾濟斯嗎？你知道那雙眼睛有多厲害嗎？不管他做錯什麼事情，只要他用那個水汪汪的眼神看著我，我都可以原諒他。

親愛的妮妮，其實我們考慮過，要不要養妳？又或者說，還要不要再因為愛而傷心流淚？

我們可以選擇，讓愛終止在最傷心的時刻，然後告訴自己，我再也不要再承受那樣的傷心了。

我們也可以選擇，讓愛用另一份愛，繼續延續下去。

於是，我們在那份愛的最後，得到的才不會只是傷心，而是更強大的力量的延續。我們沒有因愛而害怕愛、而停止愛，而是在下一份接續的愛裡，用新的生命去緬懷、去迎接，後來更多愛會給我們的可能。

妮妮，也許是因為妳實在太可愛了；也可能是因為這些年，把拔在這些愛裡，變得更強大了，妳知道從前我只願意說自己是他們的「哥哥」嗎？因為那樣的責任感覺會比較輕。不知道是從何時開始，我開始對妳說我是「把拔」。

其實這個把拔，也沒有真的多成熟，我還是一樣神經質，會在妳突然抖一下的時候，盯著妳注意看是不是抽搐？在妳懶洋洋的時候一直問妳，是不是生病了？我還是一樣幼稚，會躲起來讓妳來找我，會計較當兩個人一起回家的時候，妳會先歡迎誰？

可是我已經開始願意承受那些眼淚，那些因為曾經快樂，所以才會傷心的眼淚；願意承擔那些一定是因為被深深地看重過，所以才會覺得心底很沉重的感覺。

我還是會因為講起妳的哥哥們的故事而流眼淚，可是那又有什麼關係呢？就好像當我閉起眼睛，也可以那麼輕易就想起來，我們曾經在那麼多個有陽光的下午，在那個我們都好喜歡的小山坡上，一起把嘴巴開心得咧開來的時光……

　　最美好的是，這個愛的故事還在進行。

　　那是後來我們還是會經常去的山坡、後來我們依然持續的散步路線、妳經常尿尿的角落也是幾個哥哥們最愛的地方，我們最常做的事情，是在給妳更豐盛的愛的同時，聊起那些跟幾個哥哥們曾經發生過的故事。

　　也許那就是「愛」獨有的旋律，它從來都不是單一的曲調，快樂、傷心、遺憾、期待……還有那些說不出的複雜的感覺，那都是「愛」的樣貌，它們總是融合在一起，像一首協奏曲，在每一個我們又感受到愛的時刻，在耳邊輕輕響起……

　　在這個秋天的夜裡，在妮妮帶著我雀躍向前的步伐裡。

照片提供｜角子

左一：GUCCI、噹噹、歐米茄
左二：歐米茄
左三：來福
右一：妮妮
右二：剛來時的噹噹

173

他讓你脆弱，
可是後來，你學會了自己的勇敢

所有的緣分，
都是走向幸福的過程。
傷心、遺憾，甚至怨恨，
都是愛曾經來過的證明。

每一個來過的人，
都曾經溫暖過你的路程。
他讓你脆弱，
可是後來，你學會了自己的勇敢。

愛來過，可是很快又走。
曾經你害怕短暫幸福後的墜落，
可是現在你已經可以牢牢地接住自己。
你還是會傷心，可是你已經可以理解。
每一個出現在這趟旅程裡的人，
都有要教會我們的事情。

你還在路上，你接受這些過程，
你享受快樂，享受學會後的成長。
你知道自己最後一定會走到，
你一定可以抵達幸福。

你值得成為那個你想成為的自己

離開一個讓你悲傷的人，
一定會成為你後來，最快樂的決定。
你要的是一起前進，而不是等待。
你要的是陪伴，而不是各種藉口。

你不會讓自己一直陷在泥淖裡。
不會因為任何人而開始討厭自己。
你還有前程，還有夢想。
你值得成為那個你想成為的自己。

你不會停止你的追尋。
你摒棄鄙視和傷心，
你在這個世界上第一件要做到的事，
就是成為那個自己會喜歡的自己。

Vol.8

你知道，你正在不一樣了

正在走出來的傷心，跟不被在乎的傷心，
是不一樣的。
一個人安心的寂寞，跟兩個人孤單的寂寞，
是不一樣的。
等不到回應的流淚，跟漸漸想通的眼淚，
是不一樣的。

曾經，他是你最重要的人。
現在你最重要的人，是自己。

你知道，你正在不一樣了。
你會多給自己一些時間，
你只有經歷這些不一樣，才會遇見另一個不一樣的人。
你只有走過這段不一樣，才會遇見真的不一樣的幸福。

說第二次，再見

其實，你們快樂的時間並不長，
可是後來，你還是一個人又傷心了那麼久。
你知道那場愛並不公平，
他記得的，跟你記得的，如此懸殊。
他從來都沒有跟你約好什麼，
他只是，剛好在這份感情裡而已。

他永遠不會懂的，
用力愛一個人，最後會有多傷。
可是你知道，
這個故事應該在這裡結束了。
趁著你還記得曾經的快樂，
而你再也給不出更多的傷心。

再見。

第一次的再見，一定會很傷心。

多年後如果你還會想起，

你會很單純地記得那些曾經，。

也會很清楚地確定你們的不適合。

而你終於也可以在心底，好好地對那份愛，

說第二次，再見。

你知道，你已經好了，
而且值得更好的人

你一直覺得自己還沒好，
因為你想起從前，還是會覺得傷心。

真正的好了，
並不是遺忘，也不是不再覺得心痛了。
真正的好了，
是你真的跟自己和好了。
你不再怪自己，
你正在經歷的，是許多人都會走過的路。
你會對自己負責，
開始好好照顧自己，
把自己當成生命裡最重要的人。

你不是破損，你是正在蛻變。
你不必等到好了，才值得被愛。

你知道，你已經好了，
而且值得更好的人。

第四章

所有的告別，
都是「愛」想給你的祝福

為了那些新的可能上路吧！
所有的告別，
都是「愛」想給你的祝福。

你會永遠做自己的光，
帶自己去溫暖的地方

一個平靜的夜晚，
一杯自己泡給自己的熱茶，
幸福，就是在平靜裡的想通與想念。

你終於走到這裡了，
開始拿回自己的人生，
做那個世界唯一的主人。
那些他不肯給你的答案，
你已經可以自己給。
那些他不能帶你去的地方，
你開始自己去。

你會靠自己回到天堂，
重新找回那個單純的自己。
你不再接受那些似是而非的語言。
做不到的人是他，而不是你。

你去過那個地方，
用傷心完成了那場學習。
你會永遠做自己的光，
帶自己去溫暖的地方。
你會一直擁有最純粹的幸福，
就是自己給自己的幸福。

圓滿，
並不是放下，而是走過

　　你在作息如常的生活裡努力著，應該沒有人看出來，是的，其實你還沒有好，就算他都已經走離那麼遠了，可是你還在這份感情裡，一個人傷心著。

　　你跟自己說不要等，但其實你還是默默地等了，你模擬過他可能出現的千百種方式——你不知道那些在大街上陸續跟你交錯而過的人，那一張張隱藏在口罩下看不見表情的臉，是不是也跟你一樣正在心底等著某個人？是不是也跟你一樣偶爾會在被壓抑的呼吸裡恍神？沒有人知道，你很苦，這是你從來沒有走過的路。你沒有等到他，你只有等到那個答案：原來已經捨得離開的人，就不會思考什麼叫做捨不得。

　　你知道，你總會好的，而你也的確很努力了。努力地不再想起他、不再想起那段感情。你有時候覺得自己好像比較好了，開始可以把注意力放在新的事情上，漸漸感受到另一個更好的自己；

可是有時候，你懷疑那會不會只是一個假象？因為你在那些新的日子裡，還是偶爾會想到他。你沒有真的忘記，你還是會想起，你不知道哪一個你，才是此刻真正的自己？

那就是你正在經歷的虛虛實實的時光，努力展望未來的你、偶爾會緬懷過去的你，這兩個都是你，而且將來一定會融合成「更好」的你。

因為告別就是這樣一個「兼容並蓄」的過程，在那些隨著時間逐漸沉澱的過程中，記得那些好的，轉化那些不好的。而所謂的「更好」，並不是全面否定過去，而是「想通」。我們不是非得徹底否定那段感情，才能真的重新做人，我們也可以試著理解，那些曾經的美好跟後來的不適合，都是真的。遺憾和美好，本來就是可以共存的。你會記得那些美好，然後明白那場遺憾，並不是因為誰不夠努力，而是並不願意。

他不會陪你，這一定是一條「一個人」傷心的路，那其實很好，不必再苦等另一個人呼應，也不必再隨著無心的人起舞。在這趟一個人的旅程裡，你只要把自己照顧好就好。你還有無盡可能的前方，有風雨，也會有彩虹；有艱辛，也一定會有你終於的抵達。你的前方一定還有幸福，最重要的是，在那個幸福裡，不必有他。

那就是你最近的體會，在這個開始努力朝向與病毒「共存」的星球，你知道自己正在慢慢變好，因為世界也正在好起來；因為有好多傷心的人，最後都找到了他們真正的幸福。

　　所有的匯入，都會讓我們更茁壯，面對病毒最好的方式，就是將它們提煉成疫苗，讓它成為我們身體的一部分；快樂和傷心，都同樣會讓我們更強大，每一份我們曾經投入的感情，都不是白費，所有的體會，後來都將融合成幸福的滋味。

　　讓那場傷心，為幸福指路。用這段路程，看見更好的人生。你沒有要急著放下什麼，因為那都是你的人生，你會好好走完這段路程，因為真正的圓滿，並不是放下，而是走過。

Vol.2

可以重新開始，真好

曾經，
你把自己的幸福交由別人來決定；
也曾經，
把所有的時間用來等待一個不在乎你的人。
現在，
你把最多的時間給自己。
陪自己長大，陪自己越來越勇敢。

你還是偶爾會想起從前，
但你已經分得清楚，
什麼是真實，而什麼只是假象。
不再等待的生活很踏實，
你開始找回自己的夢想，
而且漸漸相信，自己真的可以做到。

你終於又是自己的了。
你正在慢慢變好，
開始給自己快樂和溫暖，
開始努力，也開始在努力中期待。

可以重新開始，真好。
你終於又感受到真愛，
原來這世間最真心的愛，
就是你給自己的愛。

Vol.3

愛,

就是我們終於明白的那些人

　　我坐在星巴克,你還沒有到,我開始利用時間,整理手機裡的一些工作資料⋯⋯突然發現,我是真的也可以像等一個老朋友那樣等你了。

　　在當年那場傷心欲絕的告別之後,我從沒想過,後來,我們還會有這陸陸續續又二十幾年的故事。

　　「我本來應該會提早到的,你跟我說錯捷運站了,這間星巴克是靠近『中山國中』站,不是『中山』站,我後來是用跑步來的,而且跑了很久耶!」邊用手擦著汗邊對我說。

　　我抬起頭,不理會你的埋怨,只顧著笑笑地看著你,親愛的朋友,這次因為疫情,距離上一次見面,都快五年了。

　　這些年,當我離二十幾年前的那場告別越遠,就發現自己越

可以從容地回到那段過去，那年我大三，你是我打工的小酒吧的同事，你只是來短期工作，一年後就要去日本念書。從各方面來看，那都是一場注定不會有結果的感情。可是我還是喜歡你了，而且那麼用力，每一件跟你一起做過的事、每一句你對我說過的話，對我來說都深具意義。

那也是你走後我一個人繼續的銘心刻骨，我沒有放棄，我甚至想過要放棄已經考上的預官資格，提早休學去當大頭兵，這樣兩年後退伍，就可以馬上去日本找你。

我還記得那是一個大雨滂沱的夜晚，全台北我只知道可以打國際電話的公共電話在台北火車站裡，我在電話裡跟你說想休學，你怕我把生活費都花在國際電話費上，說得又急又堅定：「你如果來日本是為了夢想，你來！如果是為了我，那就不要。」我一下子全懂了！那條回宿舍的路突然變得好長，我在大雨裡哭得無法呼吸，摩托車在黑夜裡走了又停、停了又走，我不知道最後是怎麼回到住處的，那不是那段路的盡頭，那是我後來又一個人走出來的好久好久，我說不出時間，比較精準的算法是，我寫了滿滿的三本日記，才終於好像把自己稍微放好了。

「伯父的喪禮都忙完了嗎？」我問他，念完大學後留在日本工作的他，這次是因為住在台灣的父親驟逝而趕回來台灣的。

「嗯，都忙完了，明天又要趕回去日本了，謝謝你幫我修講稿。」又鄭重地謝謝我一次。在那個冠蓋雲集的喪禮上，已經二十幾年不常使用中文的他，很怕會失禮，於是從防疫旅館打了電話給我，希望我可以幫忙潤飾喪禮中家屬致答詞的講稿。

這二十幾年來，我們因為各種機緣而再見面，最大的機緣，是你的「堅持」。你總是會在每次回來台北探親的時候，約我喝杯咖啡或吃飯，多年來一直如此。

「你喔，我在日本這麼多年，台灣那麼多不算熟的朋友，甚至只是朋友的朋友，都來日本找我當現成導遊，就只有你，來東京那麼多次了，這次才想到要約我。」我還記得多年前你在東京鐵塔的瞭望台上對我的抱怨，我沒說什麼，只是笑笑地看著你，風把你的頭髮吹得飛起來，露出了你中日混血好看的側面，親愛的，我還是可以輕而易舉地再喜歡你。

所以這些年來，我才保持了這樣的距離，事實是我應該要離你更遠的，那才是安全的距離，但我也知道你的真心，你沒有變，你從二十幾年前就把我當成最好的朋友，因為你說過，我是「全世界對你最好的人」。

是我變了，是我曾經想用朋友的名義偷渡過愛情，是我在那場告別之後，終於用盡全力地讓自己不可以再那樣了。

你說過的「全世界對你最好的人」，比較像對「朋友」的形容；或許，我也還可以曾經是「全世界最愛你的人」，那是對「愛情」的形容，那是許多你應該不知道的事情。

　　在要去日本念書的前一個月，你進行了幾趟去跟親友告別的旅行，每一趟我都排除萬難地參與了，所以我蹺了很多課。就在你要出國的前一天，一個同學想盡辦法終於通知到我：「體育老師說，如果你明天的課再沒來，他一定會把你當掉！」後來的深晚，我們說好那就送到這裡了。我在你家的巷口看著你走回家，經濟狀況不好的你，接下來幾年應該都不會有預算回來。「等我念完大學，當完兵，我們最快也要四年後才能再見了！」我最後努力笑著對你說，可是心很苦。

　　第二天早上九點，體育老師一點完名，我轉身就開始我的計畫了，那是我在輾轉反側的夜裡突然想到的，老師只會點一次名，所以我可以在點完名後衝去機場送你。我攔下計程車，高速公路上的車子好多，我看著時間分分秒秒地過去，在那個沒有手機的年代，我只能祈求上天，可是我連要怎麼說服老天爺我都不知道，為什麼那一面會那麼重要？昨晚不是說過再見了嗎？我像所有深愛著的人那樣執拗，終於我在機場大廳像瘋子那樣跑起來，那麼大的機場，我沒有來過，我靠著沿路問來的幾個線索，穿梭在前進的人潮裡，我聽不懂那些正在廣播的訊息，我只聽得見自己的喘息聲，那是我絕不放棄的堅持，那是下一秒我就要崩潰哭出來

的聲音……

終於跑到出關口的那一刻，你並不在那裡，我絕望地往前看，發現那個熟悉的背影化成一個遠方的人影剛通過海關的櫃台，「×××！」我大喊出你的名字，你沒聽見，我又連續喊了好幾次，你突然停住了，不確定地回頭看，發現是我，雀躍地揮起手來，我舉起手回應你，在都是人的廣場裡，千言萬語，都化成一個在人海裡交換的眼神，我不確定你懂不懂？但不管你懂不懂，在這個人生從此天涯兩別的時刻，又何嘗重要？

一直告訴自己不重要的那個人，後來卻還是一個人在機場玻璃窗旁邊站了那麼久，每一班飛過去的飛機，都可能是你，都承載著我對你的想念和祝福。「再見了！」終於我在心底安靜地這麼說，我知道你新的人生開始了，那裡不會有我；而我新的生活也要開始了，那裡的每一天，都還是有你。

那是我第二本日記的開頭，那是我在那個滂沱大雨的夜晚後，奮力想重新開始的人生。就在我好似真的要把你活成過去的時候，突然接到你打給房東請他轉給我聽的電話。

「××！」我一聽到是你的聲音，馬上屏住呼吸，擔心是什麼不好的事情。「我打工存了一些錢，買了一件很適合你的襯衫，本來想託回台北的同學拿給你，沒想到他昨天臨時提早回去了，

我來不及拿給他，我用寄的給你好不好？」電話裡的聲音聽起來很著急，為什麼，都已經半年了，還要惦記著我這個朋友？為什麼，我都已經用了那麼多力氣，想要忘記你了，卻還是那麼容易，就想像出你此刻的神情？

在我終於寫完那三本日記，在我終於把自己放好了之後的後來，並不是四年，而是在第三年，我們就見面了。

那年，你利用假期回到屏東看爺爺，然後再到屏東龍泉看在那裡當兵的我。當我走進那間咖啡廳，我知道我總是可以，在那麼多人裡，第一眼就看見你。

後來，我們又在人生的不同階段見面，總是你約我，而我也總是會到。約在東京那次是我第一次主動約你，我覺得我可以了，可以真的像一個老朋友那樣，來探望你的人生。

那次我應該讓你花了很多錢，很多的心意並不在我的意料之內，你帶我去一間老師傅日式料理店，讓我一定要嚐嚐那裡的清酒和黑鮪魚料理，我忙著理解你的世界，我沒有想很多，直到瞥見你到櫃台埋單，拿出的那疊厚厚的日幣，我才突然發現，原來那是多年後，你多麼隆重的心意；原來，那是你在收藏了多年之後，才終於可以實現對我的報答。

於是我也就珍惜地收下了，跟那份我也一直珍藏在心底的心意，放在一起。

　　親愛的，這些年，我也有我的走過。那是我在那夜、那場生命的大雨停止後，鼓勵自己的：我一定可以找到一個真正愛我的人。

　　後來，我沒有蹉跎時光，也沒有吝惜過我的努力和眼淚，在這條尋找愛的路上，我遇見過一些人，他們有的只是淡淡的掠影浮光，也有些深刻到讓我幾乎以為那就是幸福。他們有些讓我成長，也有些需要我休養一段時光才能再繼續前進。

　　在那一場又一場的告別裡，他們沒有一個人教會我愛情的全部，那些積累，全都是我自己的堅持和體會，愛沒有課本，愛只有親自走過……而我是多麼慶幸，在這場走過裡，曾經有你。

　　那是後來當我終於也遇上了愛的殘忍與現實，終於也見識到愛的自私與虛假，就算再虛弱、再不相信世界的時候，我也還記得，曾經遇過你。曾經我也遇見過一個溫暖的人，他始終沒有從我的生命離開，始終希望我可以幸福；而我也同樣做到了，一起用了二十幾年的光陰去目睹和見證，愛不是只有擁有或怨恨，不是只有存在或消滅，愛還有一種恆久的存在，叫做「祝福」。

　　謝謝你一直成為我生命中的那個善良的存在；謝謝你讓我知

道，那是因為我的善良，所以才遇見了另外一份善良。

這些年，當我陸續走過那些發生，而你又經歷了什麼呢？有沒有跟我一樣覺得，原來愛並不是一種到達，而是這一路的積累，所有的快樂與傷心，都是它的一部分；有沒有像我一樣體會，原來真正的愛，都還會有後來，都還會有後來我們笑淚並陳的終於明白。

「下次見面，不知道是什麼時候了。」我在跟你一起走出咖啡廳的時候說，這不是一個問句，我知道，我們一定會再見面的。

「這幾天在整理爸爸的東西，也整理了自己的舊房間，那些年你從台灣寫給我的信，我都還留著。」突然對我說。

我愣了一下，想說什麼卻還是沒說出來。

「保重喔！」最後我們彼此這麼說。

我知道你真正想說的是「珍惜」。

而我沒說出來的是，那些信，連同那些我從沒告訴過你的，被我珍惜地收在記憶的寶盒裡的一切⋯⋯

我都明白。

你很可愛，
值得被愛，值得一場好愛

那些回憶，真的很美，
但你知道再走下去，
你們也不會走到幸福。
那些曾經，會捨不得，
但你更明白，
你還有更好的幸福，可以去爭取。

不再互相勉強，
那些遲早會從你的人生離開的人。
那是你開始要為自己努力做到的事，
可以懷念，但不要眷戀；
難免遺憾，但不必回頭。

你很可愛，值得被愛，值得一場好愛。

你會一直前進，
你會走過那些曾經和美好。
因為你知道，真正的幸福，
不會在過去，而只會在前方等你。

Vol.5

幸福，
就是你一直記得我的那些小事

　　「角子，要如何判斷對方是不是真的愛我呢？」經常有讀者
這麼問我。

　　「真的愛你的人，就會『記得你說的話』。」我的答案總是
如此簡單。

　　因為一個愛你的人，一定會在乎你的想法，會記得你的好惡，
會想在那些你的喜歡裡，找到跟自己的關聯。

　　「這種人應該很難遇見吧！」每當我在描述一種標準的時
候，總是會有人在文章的留言區這麼說，就好像那個人是一種珍
貴的物種，不存在於這個星球。

　　如果，在乎一個你愛的人、記得他所說過的話，對你來說是
很容易就可以做到的，那為什麼我們要認為這樣的人，是很難遇

見的呢？!

　　也許是因為你吃過那樣的苦，那是一個你很在乎的人，你記得他說過的每一個喜歡和不喜歡，並且努力去做到，你希望可以融入他的生活，成為他的生命裡重要的人，就算你再忙、再累，也不會覺得擁有他會是負擔，而是感覺更踏實。

　　那不是你的貪圖，那是他應該對愛的基本態度。如果你一直在那份愛裡努力耕耘，那你當然可以要求回應與收穫。不要再幫那個不懂回報的人找理由，他不能又想享受你對他的好，又不想被你的生活干擾；更不要被他似是而非的道理混淆，一個真的把你放在心上的人，就會替你擔憂，而不會覺得壓力。

　　所有的愛，都是從那些「記得」開始的，你記得我說過的，我記得你說過的，於是兩個人才真的有了愛的聯繫。所有的幸福，也都是因為那些「記得」，才走到的。那就是你們總是記得說好了要一起去的地方，才終於攜手走到那裡。

　　也許是因為遇見了一些複雜的人，讓我們模糊了幸福的輪廓；也許是因為傷心的樣貌太多，才讓我們開始懷疑幸福的難以捉摸。

　　幸福很複雜，但幸福其實也很簡單，幸福就是「感動」，就

是你總是會在那些平凡的日子裡，願意為我做一些會讓我覺得幸福的事。兩個人最美的「互動」，是「互相感動」，那就是不管世界再亂、生活再複雜，我們也還擁有彼此，也還擁有著那個會彼此牽掛的人。

那是你願意為愛的付出，那是你當然可以對愛的期待。你願意去等待那個珍稀，也相信自己值得那樣的珍愛。

幸福很珍貴，因為它不只成立於相遇，更需要兩個人攜手的一路走來，那就是有朝一日當你們驀然回首，才發現原來所有最堅固的，都一定源自於時光的淬鍊與沉澱。而真正會在時光裡積累的，並不是傳奇，而是那些生活裡最平凡的點點滴滴。

於是，幸福的戀侶們，才都會擁有的那個共同的眼神，在攜手前進的人生歲月裡，在那些心底又暖洋洋的時刻，千言萬語，都化成一個眼神交換，彷彿訴說：

謝謝你一直將我放在心底。

謝謝你一直用那些小事，讓我覺得我很幸福。

所有的經過，
都是為了遇見更好的自己

你會給自己時間，
從「傷心」到「學會」，
本來就有它該走的距離。
你不再怪自己，
每個人都會犯錯，
然後在錯誤裡長出智慧和勇氣。

你不會重蹈覆轍，
所有受過的傷，你都會記得。
你不再把幸福的權利，放在別人手裡。
你知道這世上沒幾個人，值得你的託付。
你會陪自己慢慢學會，慢慢好起來。

所有的經過，都是為了遇見更好的自己。

幸福是幫自己泡一壺熱茶。
幸福是帶自己去一個想望的地方。
幸福，就是不辜負自己。

這是你珍貴的人生，這是你最美的時光。
每一天，你都在前進。
每一天，你都在給自己幸福。

Vol.7

「你」就是你的人生裡最好的事

　　「角子，我是 ×× 的妹妹，姊姊很喜歡你的作品，我用姊姊的手機發這個訊息，是想告訴你，姊姊最後還是選擇離開，希望可以得到你的祝福，讓她一路好走，下輩子不要再愛得這麼辛苦了。」我看著這則出現在 IG 的訊息，驚訝得一下子屏住呼吸。

　　我跟 ×× 的最後一次聯繫，是在收到這則訊息的前幾個月，她說自己正走在告別的路上，她知道那個人很糟糕，可是她還在等他回來，她無法過接下來沒有他的生活。她提到自己有嚴重的憂鬱症，我請她一定要好好接受專業的治療，她跟我說好，我們的對話就停在那裡。

　　我們都應該曾經有過那種「再也不可能⋯⋯」的想法吧！一份突然中斷的幸福、失去一個重要的人，都會讓傷心欲絕的我們，突然閃過這樣絕望的念頭。然而事實證明，現在回頭看，就會發現那些「再也不可能」，後來都有了「新的可能」，而且絕大多

數，都是更好的可能。

　　人生會面臨的問題，大致有三種：一種是靠自己努力就可以解決；另外一種是要靠別人才能完成；最後一種是最容易讓人產生無力感的，就是跟「命運」有關的問題。

　　靠自己就能夠解決的問題，其實是最單純的，如果只是單一的問題，我們什麼時候願意面對，問題就從那個時候開始被處理；如果是很複雜糾結的問題，那就先從其中最容易看見成效的那件下手，藉以鼓勵自己更積極地進行。

　　這些年，當我逐漸明白大多數的傷心，都是因為第二種的問題，我便開始努力，不再把決定自己是否幸福的權利，交到別人手上。你大多數的眼淚和寂寞，都是因為在等待另一個人的成全的結果。因為你無處使力，因為決定權不在你，於是你只能在那場等待裡消磨自己。你忘記了，你其實還是有決定權的，你人生最重要的決定權，就是你只會把自己交給一個真正懂得珍惜你的人。所以，當他不是那個人、在那個人還沒出現之前，你會先把自己交還給自己，你永遠是自己的靠山，永遠是這個世界最珍惜你的人。

　　跟命運無關，你喜歡的人不喜歡你，並不是造化弄人，而是每個人走到幸福之前必經的過程。不要抗拒那幾場必修的「傷心」

課程，更不要用任性，去抗拒那些「傷心」最後會轉化成的「學會」。上天從來不會阻止我們繼續去尋找幸福的可能，只有我們自己選擇退出，才會真正失去幸福的資格。

這個世界最讓人傷心跟無力的，是第三種跟「命運」有關的問題，它經常始料未及，更讓人猝不及防。別急著埋怨命運，別急著幫命運下結論，也許最終命運會帶我們去到的，是一個更好的地方。

人生不會永遠都是聰明的，每個人都一定有他疑惑、氣餒的時候。有時候，不一定要急著逼自己去解決問題。大多數的問題，也只要我們願意再給自己一些時間，往前多走幾步，就可以看出那些問題的端倪跟解決的方法。

生活不會永遠都是好運的，如果好事一直沒有發生，那就自己去做一件好事，讓自己創造的好運如願降臨。用一件件自己創造的好事，毀掉那些爛事的磁場。

世界不會自己憑空改變，一定是因為我們自己先改變了，世界才會開始不一樣。

這個世界最大的可能性，就是「你」的可能性。

他不會回頭、他不可能讓你幸福，那些你早就看出來的不可能，最後經常也不會再有新的可能；可是「你」的可能是無窮盡的，此時悲傷的你，將來也可能會無敵幸福。此時覺得自己毫無價值的你，也可能在另一個人眼中，成為最閃亮的珍珠。

　　你所有預測的困難，都是失真的，我們只有先往前走，才會在那些過程裡，不只經歷那些困難，還發現那些新的可能與美好，就是那些新的發現，才讓我們走得更遠，又發現更多的美好跟可能的。

　　沒有人的人生，是永遠順利的，也許曲折才更像人生的路徑，所以我們才有機會在生命的每一個轉折，去選擇成為自己想成為的人；在生命的每一個低谷，從新的角度去看見新的美好。

　　這絕非雞湯，而是生命的日常，快樂跟悲傷都是人生，失去與得到永遠在交替著發生。請善待自己，因為「你」才是所有後來的可能。

　　所有的好，都有可能會消失，只有「你」會一直在，會一直繼續擁有那些新的美好與可能，「你」就是永遠，「你」就是你的人生裡最美好的事。

　　於是正走在告別的旅程上的我們，也可以在這場生命的隆冬

裡，期待著夏日；也可以在那個沒有星星、月亮的黑夜裡，期待著一定會升起的太陽。

也可以開始期待，那個未來的自己，又會是什麼樣子的呢？

讓我們一起迎向，那個更好的自己的到來。

讓自己幸福，
一直都是自己的責任

好命的人，
是因為他覺得自己的命很好。

快樂的人，
是因為他總是看得見快樂。

幸福的人，
是因為他知道，
讓自己幸福，一直都是自己的責任。

帶妳去每一個地方

　　妳走的兩個月後，我開始針灸的調理療程，「你還好嗎？」幫我針灸的中醫朋友，知道我剛忙完妳的喪禮，邊扎針邊問我。

　　「嗯。」我說。

　　「一般來說，都差不多要兩年左右才能走出來。」我望著他，不知道原來「走出來」也有大致的時間。

　　一轉眼，兩年多過去了。
　　可是，媽媽，我還沒有走出來。

　　我不反對口罩令，甚至覺得戴著口罩還滿好的，這兩年多來，在任何地方、任何時候，只要想到妳，都還是會忍不住在如常的動作裡，靜靜地淚濕一個口罩。

想念的發生總是突如其來，走進一個類似的場景、又被觸動的一個曾經，我是那個瞬間被記憶撞飛的人，每次爬起來總是百味雜陳，唯一又更確定的是：我真的失去妳了，我從此是一個沒有媽媽的孩子了。

　　這應該是一場我在十幾年前，就開始擔心的告別。我從二十歲離家北上，在二十年後，突然發現爸媽都已經年邁，於是想在接下來的人生裡，製造更多相處的時光。我開始在後來的旅行裡帶上你們；開始邀請你們進入我的生活圈，認識我的朋友。

　　我想那就是父母跟子女之間，永遠的不公平。子女們對父母好，就會被稱為「孝順」；可是父母對孩子好，卻是天經地義的。子女要記得父母，經常得自我提醒；可是父母，卻永遠都會把子女放在心上那個最重要的位置。

　　媽媽，我一直知道自己擁有那個位置。所以離家二十年，在那些我一個人走過的歲月裡，我知道我從不孤單，任何時候、任何理由，我都可以打電話回家。

　　「媽！」想說的千言萬語，都化成一開始那一聲親密的招呼，「ㄟ！」所有的溫柔與鼓勵，也都早就蘊含在媽媽這聲溫暖的回應裡。接下來什麼都可以說，也可以什麼都不用說，因為我知道，所有的難題，都會擁有媽媽的陪伴與祝福。

媽媽，我之所以從小會跟妳這麼靠近，是因為妳永遠都會尊重我的決定，更重要的是在我為那份決定努力的時候，妳總是會找到欣賞我的理由，有些理由，甚至都算偏頗了！是妳永遠會提早給我的分數，讓我更確定，成功不是最重要的，努力才是最美好的過程。

　　當我年歲漸長，當我開始面對許多生命的課題，我們變得更像朋友。妳永遠是當我又做到什麼，第一個想通知的人；也是我在面臨傷痛時，第一個想要倚靠的對象。

　　妳不只是我的朋友而已，妳也是我的好朋友們的朋友，大家都很喜歡妳，妳的溫暖與大方，讓這些也都長年離家的朋友，感受到了家的溫暖。

　　還記得第一次我約大家到家裡來吃飯、打牌，妳煮了好多東西給大家吃，還跟大家邊打牌邊聊天，晚上當大家都離開，我突然問妳：「媽媽，這群朋友裡面，妳最喜歡哪一個呢？」，「×××啊！」想都沒想就回答我。我站起來，假裝去忙別的事情，我知道媽媽還在看著我，我知道那是媽媽在背後默默地認定與祝福。

　　妳不是只有祝福，妳後來還真的把他也當成了自己的孩子。「很感謝莊媽媽，是她彌補了我這十幾年來，缺少母愛的遺憾。」那天他突然跟我這麼說。

媽媽，不只我們，我所有的朋友們都很想妳，那不是一個避諱的話題，在後來的聚會裡，總是會有人突然說起妳，每次說起來，都是快樂、想念，還有很多的感激。

妳跟爸爸說過，最喜歡跟我出去玩，跟兒子出去的每一個地方都是美好的。這十幾年來，我們一起出發的二十幾趟旅行，一起走過的那些地方：美國、加拿大、日本、泰國、香港、澳門……謝謝妳總是那麼好相處，謝謝妳總是看起來那麼享受而開心，謝謝妳總是展現著對世界的好奇和慈悲。

我還記得到要去紐約的那一次飛行，我在飛機起飛前看向妳，妳的位置還不錯，是一個兩人座靠窗的位置，雖然坐在妳旁邊的應該不是台灣人，但是比起被夾在三人座裡面的我們已經好很多。

終於到達紐約機場，就在我們排隊要出海關的時候，突然在人群裡出現了一個人，跑過來跟妳擁抱告別，我一看，就是那個剛才坐在妳身邊的女生。妳後來跟我說，她是日本人，還要轉機去別的地方念書……我詫異地看著妳們擁抱，我最訝異的是她在人群裡喊妳「MAMA」！語言不通、僅僅十五個小時的飛行時間，就可以結下如此美好的緣分，我知道那就是妳的威力，妳的慈悲，可以穿越任何語言、時間的隔閡，溫暖一顆需要的心。

妳的慈悲，不是只在身體健康的時候而已，在住院初期，隔壁床來了一位有思覺失調症狀的老太太，經常晚上會暴怒，咒罵身邊的人，吵得我們都無法休息。當家屬跟妳致歉的時候，妳馬上說：「沒關係，我不怕吵，媽媽也不是故意的啊！」

　　親愛的媽媽，那些妳曾經在我面前親自示範過的，那些經常讓我暗自欽佩的善意，間接也鼓勵了我，勇敢去表達對妳的愛。我不想後悔，不想日後會有遺憾，在妳還沒有生病之前，我會在跟妳說再見的時候抱抱妳；後來妳生病了，我開始會在陪妳去醫院的時候，牽妳的手……謝謝妳總是那麼自然地接受了，讓我的表達也如此自然而然。我還記得有一次在日本的 Outlet，媽媽很快就挑好了她想要的包包，爸爸一直說他不要，媽媽突然跟他說：「你就挑一個，那是孩子的心意。」我在那剎那突然懂了，原來自然地接受孩子的愛，也是一種愛。

　　印象最深刻的那次，妳的身體已經很虛弱了，正在進行每天五分鐘坐在床沿的練習，我坐在妳身旁，我還記得那是我的左臉頰，我忍不住用臉靠向妳，妳也把臉湊過來緊緊地貼著我，媽媽！在那一刻我想把那個感覺背下來，我真的好努力、好努力在背著，那是媽媽的溫度、媽媽的呼吸……我們母子在那個下午緊緊地臉靠著臉，直到看護熱心地說要幫我們拍照，才打斷了我們……

　　媽媽，我如果知道五天後妳就會離開我，我永遠也不會離開

那張臉的。

　　帶著媽媽的大體離開醫院的時候，我跟爸爸、弟弟坐在車上，從前，每當我租這種九人巴士，就是我們要一起快樂出國的時候；這一次，我還是帶著妳，一樣在我身後的媽媽卻已經停止了心跳和呼吸。

　　我還記得，我們最後的一次旅行，是到日本關西的城岐溫泉，回程我帶著你們上錯了想返回岡山的特快車，於是在一個中途的小站，急忙地要你們下車，妳跟爸爸在冷風裡安靜地看著我在那個小車站裡跑上跑下，最後我跟你們抱歉地說，要在這裡等兩個小時，才會有車子可以搭去那台特快列車會經過的車站，妳馬上笑著跟我說：「沒關係，就當作又多來了一個地方啊！」

　　那個晚上爸爸很早就睡了，我去房間找妳，問妳要不要到附近的岡山市區走走，「可是我的腳很痠捏！」妳回答我，「陪我出去走走啦！」我撒嬌地說。後來，妳不是陪我走走而已，妳還陪我去吃麥當勞，我們在寒風中喝著可樂，突然撞見岡山車站前聖誕節的燈飾，「好美啊！我幫妳拍照吧！」我說，「好啊！幫我拍好看一點，我要把它當成聖誕節卡片，傳給我的朋友們喔！」媽媽在那些一閃一閃的燈飾前說。

　　遵照妳希望一切從簡的遺願，妳走的消息，我們沒有發給太

多人；可是後來，妳的那些朋友們，我都看見了。

　　我記得那是在簡易靈堂的第一天，我剛走進去要上香，就發現有一個婦人站在妳的靈位前流淚，我跟她打招呼才發現她是聾啞人，後來在休息室，陪她來的朋友跟我說，她是妳幾十年前的學生，當年她才七歲，因為家境不好，家裡讓她住在學校後幾乎沒來看過她，是妳把她當成女兒照顧，寒暑假還帶她回去教師宿舍住，甚至還幫她抓頭蝨，她說她一輩子都不會忘記妳的恩情……

　　然後我還遇見一個好久沒見的小堂弟，我看著那個當年總是很安靜的孩子，竟然現在身高都超過一百八十公分了，他在妳的靈位前大哭，我其實很訝異，以為是為了因應禮俗，後來我才知道，是因為當時身處家族弱勢地位的他們，沒有太多人會關心他們，只有媽媽逢年過節都會包紅包給他們，還會鼓勵他們要好好用功上進，他說他永遠也忘不了姑姑的愛心紅包……

　　最扯的是我的一個擁有「鐵漢」性格的朋友，不知為何都還沒上樓，在樓下就開始擦眼淚，我安慰他說沒關係，他突然開始爆哭著說：「莊媽媽對我很好耶，有一次……」

　　親愛的媽媽，妳為什麼那麼強大，為什麼每個人，都擁有一個跟妳的故事？！

那就是我後來在那場來了好多人的喪禮裡看見的，那麼多自行前來的人，有許多我都不認識，我知道那裡面一定有很多很多，我不知道的故事。

　　而我是如此與有榮焉，可以成為妳的小孩，可以跟妳擁有比他們都更多的故事。

　　「聽說你以前是做唱片的，剪輯過許多影片，有想要製作一支紀念影片在告別式上播放嗎？」禮儀公司的人問我，我馬上拒絕了，因為那支影片我應該永遠都不會滿意，永遠都交不出來。更大的原因是，我覺得故事應該還在未完待續……

　　那就是我在那些故事裡看見的，某一顆孤寂的心、某一個虛弱的靈魂，如果因為一個善意而溫暖了、勇敢了，將來也有可能會成為另一個溫暖的靈魂。

　　他們都是，我也是，都是那個曾經被妳溫暖的靈魂。如果他們也因此勇敢了，成為了一個良善的人；親愛的媽媽，那我也不要只是悲傷地停在這裡，我要把妳的良善，繼續傳承下去。

　　媽媽，我還在這裡，我還沒有走出來。

　　是因為，我根本不想走出來。

雖然，我沒有妳的慈悲與資質，但我依然想把妳的心意，繼續傳遞出去。

兩年多了，妳從來都沒有離開，妳一直都在。

「謝謝大哥，居家隔離期間一直訂餐給我們吃。」在台中的弟妹打電話跟我說謝謝，我回說不客氣，因為弟弟不在台灣，我應該幫忙照顧他們，真正的原因是，我知道媽媽如果在，也一定會這樣。

「哇塞，隨便吃就好了，幹嘛準備得這麼豐盛啦！」那天朋友一進門看見我準備的午餐就對我說，我說因為大家難得聚聚啊！但其實真正的原因是，如果莊媽媽在，一定也會這樣。

曾經，妳是我所有的結束。
現在，妳是我所有起心動念的開始。

我會永遠將妳放在心底，記憶會模糊、那個午後我曾經努力想要背起來的感覺也一定會逐漸消失，可是妳曾經對我的影響，會永遠都在。

這個世界很大，能發生的故事，還有很多……

於是我寫下這本書，讓它去發生更多溫暖的故事。

每一個我所能製造的溫暖，都是我想要給妳的祝福。

當我困惑，我便會想起，妳曾經展現過的寬容；當我虛弱，我會想起，媽媽曾經給過這個世界的愛。

媽媽，請讓我繼續帶妳去每一個地方。
我知道只要在愛的世界裡，妳就會一直陪伴在我身旁。

照片提供｜角子

你會再找回那個閃閃發亮的自己

走過的，你都不會後悔。
已經盡力的，你都會開始練習放下。

謝謝啊，終於走過的那一段，
曾經幫助過你的人。

最要感謝的，
是從來沒有放棄過努力的自己。

你很美，你知道。
尤其是當你平靜、專注的時候。
你會再找回那樣的寧靜。
你會再找回那個閃閃發亮的自己。

每一次傷心，
你都會越來越清楚自己想要的幸福。
每一段走過，
你都會越來越堅定自己想要的人生。

你從來都沒有放棄，
只要還在路上，
你就永遠都有幸福的可能。

Vol.10

你會用最好的自己，
去迎接最好的幸福

你已經過了怨與恨的階段。
你已經知道，真正的重點，
並不是他有多爛，
而是你真的很好。

你現在人生的重點，是自己。
你承認你有時候會覺得寂寞，
但你寧可一個人有品味的孤獨，
也不會再讓複雜的人，混亂了你的生活。

你還在努力，甚至偶爾難免偽裝，
但你知道總有一天你會勇敢得自然而然。
你會大步向前，
你會用確定，接住自己的心慌。
你會用勇敢，證明自己的決心。

如果幸福是一種堅強，
那你會用堅定的心去爭取。
如果幸福是一種美好，
你會用最好的自己，去迎接最好的幸福。

國家圖書館出版品預行編目資料

你會坦然面對，每一場告別 / 角子 著 .--- 初版 .--
臺北市：平裝本．2023.1 面；公分（平裝本叢書；
第 545 種）（角子作品集；8）
ISBN 978-626-96533-3-1（平裝）

1.CST: 生活指導 2.CST: 自我實現 3.CST: 戀愛

177.2   111020438

平裝本叢書第 545 種

角子作品集 08

你會坦然面對，
每一場告別

作　　　者—角　子
發 行 人—平　雲
出 版 發 行—平裝本出版有限公司
　　　　　　　台北市敦化北路 120 巷 50 號
　　　　　　　電話◎ 02-2716-8888
　　　　　　　郵撥帳號◎ 18999606 號
　　　　　　　皇冠出版社（香港）有限公司
　　　　　　　香港銅鑼灣道 180 號百樂商業中心
　　　　　　　19 字樓 1903 室
　　　　　　　電話◎ 2529-1778　傳真◎ 2527-0904
總 編 輯—許婷婷
責 任 編 輯—陳思宇
美 術 設 計—今　叨
行 銷 企 劃—薛晴方
著作完成日期— 2022 年 11 月
初版一刷日期— 2023 年 01 月
初版二十一刷日期— 2024 年 01 月
法律顧問—王惠光律師
有著作權 · 翻印必究
如有破損或裝訂錯誤，請寄回本社更換
讀者服務傳真專線◎ 02-27150507
電腦編號◎ 583008
ISBN ◎ 978-626-96533-3-1
Printed in Taiwan
本書特價◎新台幣 399 元 / 港幣 133 元

● 皇冠讀樂網：www.crown.com.tw
● 皇冠Facebook：www.facebook.com/crownbook
● 皇冠Instagram：www.instagram.com/crownbook1954
● 皇冠蝦皮商城：shopee.tw/crown_tw